LA ESCUELA UBERIZADA:
LA ORGANIZACIÓN ESCOLAR EN
EL CAPITALISMO DE PLATAFORMAS

María Isabel
Pardo Baldoví

LA ESCUELA UBERIZADA:
LA ORGANIZACIÓN ESCOLAR EN
EL CAPITALISMO DE PLATAFORMAS

PAIDEIA, 5

2024

CALAMBUR

Colección PAIDEIA

Dirección: Ángel San Martín y José Eliseo Valle

Dirección literaria: Lluis Claret

Primera edición: 2024

© *De la presente edición:* Calambur Editorial S.L.

c/ Pobla de Lillet, 4. Local 1. 08028 Barcelona

Tel.: (+34) 931 708 326

calambur@calambureditorial.com • www.calambureditorial.com

calambureditorial.blogspot.com • facebook.com/CalamburEditorial • @EdCalambur

ISBN: 978-84-8359-595-4

DEPÓSITO LEGAL: B 17933-2024

A mi madre, Mª Isabel Baldoví Balaguer,
por estar, por ser, por TODO.

En definitiva, y parafraseando a Zoo (2014):
Per donar-me *l'arrel* i les *ales*. *Gràcies, mamà,*
poder de dones.

Índice

ÍNDICE DE FIGURAS

PRÓLOGO

La vida son prácticas, hábitos, rutinas urdidas en el tiempo y en el espacio. Cosas que se hacen y formas de hacer cosas basadas en pensamientos, creencias e intuiciones, y pensamientos, creencias e intuiciones, que transforman las cosas y las formas de hacer cosas. En medio se encuentran instrumentos, aparatos, artificios y artefactos, cosas y no-cosas que encarnan, materializan o no, pero siempre conllevan y activan mecanismos y procedimientos orientados a transformar las cosas *ad futurum*, lo que implica la idea de cambio, transformación, innovación, en algún sentido y por principio mejora y siempre orientación al futuro. Hasta aquí, diríamos, nada que objetar. O muy poco. Tampoco en educación. Quizás añadir que suele precisarse que ese entramado de cosas, pensares y haceres, cristaliza en primer lugar, materializa, ahora sí, en los modos de producción y de consumo y va irradiando osmóticamente los demás modos o ámbitos de vida. También la educación.

Ocurre, sin embargo, que en ese inevitable andar, quiérase o no, quedan 'tocadas' no solo las cosas y las formas de hacerlas sino también las formas de pensar y de ser las cosas en el mundo, las formas de ser y de pensar el mundo y, en última instancia, o en primera, según se mire, quien queda 'tocado' es el sujeto, sus modos de pensar y de ser, sus marcos de pensamiento, y no sabemos si también los mismos procesos de pensamiento y de sentimiento, no solo las maneras de ver, de mirar y construir la realidad. Que, en verdad, esto es la educación y la forma como se produce.

Diría que hasta aquí tampoco hay nada nuevo. Si acaso, la forma de decir lo que otros muchos, más bien filósofos de pensamiento y profesión, dijeron hace ya tiempo. Que esa doble vertiente de la tecnología, hacia el sujeto y hacia las cosas, y ese mirar el mundo siempre en futuro son rasgos inherentes a la tecnología, como lo es también la tecnología misma respecto del humano (y algunos otros animales). Somos lo que fue la tecnología del ayer y lo que es la del momento, con algunas zonas de resistencia y otras muchas de sombra que clarearán poco a poco con la tecnología del mañana. Prácticamente la totalidad de la antropología reconoce abiertamente el notable papel que la tecnología viene desempeñando en el origen y evolución del ser humano, incluso no faltan quienes le atribuyen carácter constituyente y constitutivo de la forma de ser humano.

Con todo, en educación ha predominado tradicionalmente una visión más externa, instrumental y, si se quiere, didactista y escolar de la tecnología, quizás por una interpretación reduccionista y un proceso de externalización y cosificación de la tecnología, fruto de una insuficiente comprensión del propio concepto y modos de operar que, a su vez, es deudor del dualismo cartesiano prevalente en la ciencia moderna. Dualismo que cartografiaba muy bien los territorios de la educación y diferenciaba entre lo educable y lo educativo, siempre en términos de relación entre personas, limitando así el valor de las cosas a su vertiente utilitarista, meramente instrumental y funcional, simple valor de uso sin llegar a concederlas valor en sí y, por ende, privándolas de la posibilidad de transferencia de su propia racionalidad. Y una vez cosificada y externalizada la tecnología, reducida en su concepción a mero recurso, era fácil presentarla revestida de una cierta neutralidad y hasta ingenuidad que, al tiempo que la (des)naturaliza, la exime de responsabilidad en el uso que llamaríamos cotidiano y ordinario, depositándola en el extraordinario (los malos usos) y, por tanto, en el usuario, más que en el promotor, ingeniero y constructor. Finalmente, conviene dejar constancia de que esta manera de ver la tecnología lleva a plantear la reflexión, en caso de necesidad y de problema, en términos de ética personal y de extravíos individuales, nunca de creación de necesidades y de conformación de mundos y de mentes de sujetos en el mundo. Nunca en términos ideológicos, solo en términos de ética y patologías del sujeto.

De manera que, llegados a este punto, de las dos formas de entender la tecnología de nuestro tiempo, como herramienta o como cultura, no es arriesgado decir que en educación predominó la primera, tanto en la investigación pedagógica como en la práctica educativa: recursos potentísimos de producción, almacenamiento, traslado y gestión de información y comunicación. Es el enfoque predominante en las numerosísimas publicaciones, libros y revistas, de los últimos años, pues contamos ya con una amplísima literatura a propósito de una tecnología que progresivamente va dejando ver su potencialidad educativa, si bien la pedagogía la reinterpreta, una y otra vez, siempre en la misma dirección, ya sea como medios susceptibles de análisis comparado con otros medios, como medios que despiertan determinadas actitudes en los usuarios, ya sean docentes o discentes, como medios que requieren ciertas competencias, como medios de formato uniforme con validez multidisciplinar o diverso en función de las características de cada tecnología más que en función de las exigencias pedagógicas… Siempre como medios, como instrumentos y recursos. Una forma de interpretar y usar la tecnología que nos sigue llevando a pensar y hacer educación desde una concepción moderna (ya tradicional) de la enseñanza y del aprendizaje, una concepción escolar de la educación, por más que entren en juego herramientas propias de una sociedad postmoderna. El esquema mental de lo educativo ahí implícito sigue respondiendo a una manera de entender la realidad propia de la modernidad, como si esta tecnología no hubiera cambiado las formas de ver, de hacer y de pensar esa realidad, incluidas, por supuesto, las formas de pensar y hacer educación. Hay, en cambio, otra posible interpretación de esta tecnología que interesa más a la educación; esta otra lectura toma como punto de apoyo la consideración de la tecnología como cultura, en el sentido de que crea formas de pensar, de ser y de actuar, en definitiva, formas de vivir y mundos de vida diferentes, en cuanto que cambia las formas de relación con las cosas y con los otros, terminando por cambiar también los modos de percepción y creación de realidades, incluida nuestra propia identidad y la de las cosas del mundo.

No es fácil, con todo, armar la reflexión en educación de manera que se hagan visibles los mecanismos y procedimientos que terminan trascendiendo los resultados inmediatos, aquellos que se quedan en la eficacia de los procesos, incluso en la eficiencia, para incidir en los procesos mentales de los sujetos, donde hemos dicho anteriormente que en verdad se sitúa la educación puesto que configuran la identidad de los sujetos. Y si no lo es hablando de educación en general, resulta mucho más difícil identificar y visualizar esos modos de operar en campos donde parece que lo prevalente termina en la eficacia de las formas de hacer y la eficiencia de los recursos utilizados. Es precisamente lo que M. Isabel Pardo Baldoví, la autora de estas páginas que prologo, consigue en el ámbito de la gestión y organización escolar, siguiendo la estela del profesor Ángel San Martín, que ha dedicado buena parte de su quehacer académico a analizar las formas como vienen catalizando esos mecanismos y procesos las tecnologías de nuestro tiempo en sus distintas fases de desarrollo. Y con acierto.

Ángel García del Dujo
Universidad de Salamanca

INICIAR

SESIÓN

Escuela y uberización: crónica de una anunciada transformación

> Winston se mantuvo de espaldas a la telepantalla.
> Así era más seguro; aunque, como él sabía muy
> bien, incluso una espalda podía ser reveladora.[1]
>
> *1984*. (Orwell, 2008, p. 5).

La escuela, en tanto constructo social, es un ente dinámico, mediatizado por realidades sociales, políticas, económicas y culturales que la determinan y conforman. En este sentido, la organización escolar constituye a la vez espejo y reflejo del modelo social que la nutre y vertebra. Lo cual implica que tanto la lógica hegemónica como sus dispositivos, valores y principios son trasladados e incorporados al funcionamiento de la escuela[2] y a los roles y esquemas asumidos por sus agentes.

Atendiendo a esta premisa, ofrecer una lectura sobre la escuela exige, necesariamente, mirar y observar con detenimiento la sociedad actual, así como sus características e implicaciones, dada la estrecha simbiosis que se produce entre ambos elementos. En este ejercicio emerge cuantiosa terminología que trata de capturar la esencia y las particularidades del modelo socioeconómico que nos rige, conceptualizado como capitalismo digital, capitalismo informacional o capitalismo de plataformas. Atendiendo a la sociedad, es denominada como de la información, del conocimiento, sociedad red o sociedad de las plataformas. Focalizando la atención en el momento histórico, destacan apelativos como el de modernidad líquida o era digital. Y si trasladamos el foco al "espacio", emergen

---

[1]   Traducido de la version original: "Winston kept his back turned to the telescreen. It was safer, though, as he well knew, even a back can be revealing".

[2]   Beltrán Llavador y San Martín Alonso, 2000.

conceptos como la Galaxia Internet, la aldea global o el panóptico digital. Esta nomenclatura articula la crónica de una transformación anunciada, al compartir y apuntar a una constante común: la centralidad que las tecnologías digitales han venido ostentando en las últimas décadas. Lo que evidencia que el desarrollo tecnológico, cada vez más acelerado y sofisticado, se ha convertido no solo en la pieza angular de nuestro modelo socioeconómico, sino también en el principal motor de cambio y transformación de la sociedad y de sus distintas esferas.

Este fenómeno es comúnmente denominado como "transformación digital" o, más recientemente, como "plataformización" (Zukerfeld, 2020). Concepto que se concreta en múltiples derivados como son: la *Amazonización*, la *Googlización*, la *Netflixación*, o la *Uberización*, término este último que utilizaremos de aquí en adelante. Todos estos neologismos aluden a la metamorfosis experimentada en las formas de vida y organización humana a raíz de la generalización de las plataformas digitales como elementos de uso cotidiano, tanto en los ámbitos públicos como en los más íntimos y privados. Por lo que encubren, una vez más, un mismo trasfondo común: el papel de las plataformas digitales como epicentro de la organización actual, hasta el punto de llegar a sustituir a los cauces, agentes y formatos clásicos.

Se trata de una metamorfosis que trasciende la mera aparición o introducción de nuevos recursos. Ya que, en tanto elementos vertebradores del modelo actual, ni las tecnologías digitales en general, ni las plataformas en particular, son artefactos neutrales. Emulando a tecnologías predecesoras, como fueron la escritura o la imprenta, las plataformas digitales se erigen en tecnologías de la inteligencia (Lévy, 1993), que actúan como dispositivos que introducen y articulan nuevas racionalidades y principios. Y que, por tanto, comportan aparejados una ideología y un programa de cambio concreto. En este sentido, las plataformas digitales estructuran y posibilitan nuevas formas de pensar, representar y significar la realidad vinculadas a la instauración de una lógica organizativa determinada: el capitalismo de plataformas (Srnicek, 2018).

Ahora bien, ¿en qué consiste y qué comporta el capitalismo de plataformas? Constituye un nuevo paradigma en el cual los activos financieros, que ostentaban el poder anteriormente, son progresivamente sustituidos por los activos digitales, dando origen al surgimiento de nuevos monopolios, como el imperio GAFAM (Google, Apple, Facebook, Amazon y Microsoft) y otros gigantes como Uber, Airbnb, Shein, etc. Entidades, calificadas por Morozov (2016, 2017) como el nuevo imperio de Silicon Valley, que no solo atesoran el poder económico, sino también el político. En resumen, se trata de un estadio más sofisticado e incisivo en la evolución histórica del modelo capitalista. Por lo que, al igual que en sus etapas anteriores, su origen emerge a partir de la mutación en el sistema productivo y en el mundo del trabajo. Desde donde va calando hasta lograr permear e incrustarse en las distintas esferas sociales.

La metamorfosis provocada por las plataformas digitales en el mundo del trabajo actual es claramente visible. En los últimos años hemos asistido a la emergencia de nuevas geografías (Ross, 2008) gestadas a la luz de estos artefactos y sustentadas en su lógica. Muestras de ello son la aparición de nuevos modelos de trabajo desregulados como el teletrabajo, los FlexJobs y los MiniJobs, y también de nuevos roles como los nómadas digitales, los *freelancers*, o los *riders*. Morfologías que encubren la más extrema precarización apelando al fulgor del *Smart working*, de la ubicuidad digital y de la flexibilidad laboral.

Pero, como se ha señalado, el calado del capitalismo de plataformas no se limita a estas mutaciones, sino que impregna y transforma los cimientos mismos de la lógica organizativa. La cual, ahora, supera los modelos fordistas y toyotistas, propios del capitalismo clásico, para adoptar nuevas formas más sofisticadas (y más desreguladas y precarias). Esto resulta especialmente evidente en las actividades que se relacionan con la denominada como "economía *on-demand*" o *crowdsourcing* (Howe, 2006). Es decir, las relativas a la prestación de servicios gestionados a través de las propias plataformas digitales y que implican la externalización multitudinaria, a un grupo numeroso e indefinido de personas. Modelo del cual encontramos múltiples ejemplos en el escenario cotidiano actual que permiten cubrir y satisfacer variadas necesidades del consumidor. Entre ellas destaca Uber, que ha dado un nombre más "atractivo" y "comercial" al nuevo paradigma del capitalismo de plataformas, también conocido como *Uber Economy* (Hill, 2015) y su derivado "uberización".

Así como Beck y Beck-Gernsheim (2003) señalaban que en el capitalismo fordista las regulaciones nos acompañaban "literalmente de la cuna a la tumba" (p. 39), también hoy en día las plataformas *on-demand* se han convertido en compañeras cotidianas. Pedimos un *Just Eat* o un *Glovo* cuando queremos comer algo o picar; si queremos desplazarnos llamamos a un *Uber*, un *Blablacar* o un *Cabify*; cuando viajamos rastreamos opciones en *Tripadvisor*, *Booking* o *Trivago* y nos acabamos alojando en un *Airbnb*; nos hemos familiarizado con *Amazon*, *Shein* o *Aliexpress* como opciones fiables de compra; y, al final del día, cuando queremos "desconectar" nos conectamos una vez más a una plataforma y hacemos un maratón de "sofá, manta y *Netflix*".

La emergencia y cotidianeidad de estos nuevos rituales evidencia que las plataformas digitales constituyen el elemento nuclear de nuestra vida actual. De forma que ya no nos ubicamos solo en una economía de plataformas, sino en una sociedad de plataformas (Van Dijck et al., 2018). En la cual estos artefactos han trascendido el sector *on-demand* para incrustarse en el propio ADN (o en los bits) de nuestro modelo organizativo.

Las distintas actividades humanas (y las esferas y espacios en los que trascurren) están reconceptualizándose para dar cabida a los principios y a la lógica de funcionamiento característica de las plataformas digitales. Y así, no solo asistimos a la uberización del trabajo, sino también de la ciudad, de la sanidad, del derecho, del mercado inmobiliario, o incluso de la investigación científica. En definitiva, una "uberización del todo" (Barns, 2020), de la cual tampoco escapa la escuela (Pardo Baldoví et al., 2018; Pardo Baldoví y San Martín Alonso, 2020).

Si bien resulta necesario reflexionar e indagar sobre el calado de este fenómeno en todas las esferas sociales, la escuela constituye una realidad especialmente interesante y particular al respecto. Precisamente por su carácter de institución institucionalizadora. Es decir, que transmite los saberes, valores y principios propios del modelo socioeconómico vigente. Y que se encarga de socializar y culturizar a las generaciones en su lógica organizativa, moldeando así su carácter. De forma que la escuela no solo asimila la uberización, sino que también la reproduce y legitima, perpetuando sus racionalidades.

Retomando la cita con la que iniciábamos esta sección, la organización escolar actual no puede mantenerse "de espaldas a la telepantalla". Ni siquiera con la firme voluntad de imitar al protagonista de la novela de Orwell (2008), para asegurar su seguridad y la supervivencia de su lógica clásica, puede la escuela escapar al influjo de la uberización. O, lo que es lo mismo, a la asunción de las plataformas digitales y de su lógica como elementos vertebradores de su funcionamiento cotidiano. La escuela actual es, eminentemente, una escuela de las plataformas, una escuela uberizada. Cuya organización está siendo tecnológica e ideológicamente modificada por estos artefactos digitales. Partiendo de este escenario, el presente libro se propone analizar las transformaciones derivadas de este fenómeno, profundizando en los rasgos que caracterizan a la organización escolar en el actual capitalismo de plataformas.

El libro se estructura en cuatro partes distintas. La primera de ellas, titulada *Iniciar sesión*, se corresponde con la presente introducción, en la cual se plantea el escenario sobre el que se profundizará y reflexionará en las páginas siguientes.

La segunda parte recibe el nombre de *Loading*, lo cual constituye una metáfora de la "carga" de los contenidos básicos necesarios para aproximarnos al concepto de "escuela uberizada" mediante tres capítulos. En el primero se define el concepto de "plataformas digital" y se describen las más utilizadas en la esfera educativa. El capítulo segundo prosigue con un breve recorrido histórico por los principales cambios que las tecnologías digitales han ido suscitando en la organización escolar, desde la introducción de los primeros elementos tecnológicos, como los ordenadores (la escuela de las tecnologías), pasando por la dotación de conectividad a Internet (escuela enredada) hasta llegar a la actual escuela de las plataformas. Y el capítulo tercero conceptualiza el modelo de escuela uberizada como nuevo paradigma de organización escolar, característico de la actual sociedad de las plataformas.

El libro continúa con la tercera parte, titulada *Se están instalando las actualizaciones. No apague ni desconecte el equipo*, en alusión a las transformaciones desencadenadas por las plataformas digitales y por la uberización sobre la organización escolar. Cambios que se presentan y conciben como modernizaciones. Esta parte, se estructura en tres capítulos. El capítulo cuarto indaga en la uberización del entramado organizativo, a través de la cual la organización escolar se amolda a la lógica organizativa que siguen las *startups* digitales. Para ello, se examinan tanto las mutaciones experimentadas en la estructura como en la cultura, ahondando en el proceso de tecnoculturización de la escuela. El capítulo quinto analiza las transformaciones provocadas por la uberización sobre el gobierno de los centros escolares. Se profundiza en la micropolítica de la escuela en la nueva era de las plataformas, caracterizada por la liquidez, la inmediatez y la fugacidad. Se atiende a distintas dimensiones como: la autonomía, el ejercicio del control y del poder, y las nuevas formas de gobierno como son la gobernanza y la gubernamentalidad uberizadas. El capítulo sexto relaciona los elementos anteriormente analizados desvelando cómo las plataformas digitales logran articular una revolución silenciosa responsable de abocar a la organización escolar hacia su transformación profunda y holística.

Finalmente, a modo de epílogo, se ofrece un manifiesto reflexivo respecto a la adaptación y supeditación de la escuela al modelo socioeconómico hegemónico, señalando la importancia de cuestionar las prácticas y referentes culturales que se asumen de forma acrítica y fetichista para optar por una escuela como espacio de reflexión, de pensamiento crítico y de encuentro. *Así que una vez expuesto el menú de navegación... Carguemos los contenidos.*

LOADING

I

Las plataformas digitales en la esfera educativa

I.I. TIEMPO DE PLATAFORMAS

A mediados del siglo pasado, Cortázar (2004) afirmaba en sus célebres *Instrucciones para dar cuerda a un reloj* que "el tiempo, como un abanico, se va llenando de sí mismo y de él brotan el aire, las brisas de la tierra, la sombra de una mujer, el perfume del pan" (p. 29). En este bello retrato de la realidad tangible, el tiempo, la vida humana, se llenaba de experiencias físicas y corpóreas, de sonidos, de aromas, de sabores... En definitiva, de experiencias ubicadas en un momento y un lugar concretos, en un espacio. Experiencias que, parafraseando a Benjamin (2001), constituían la existencia.

En una sociedad como la actual, en la cual la vida humana se torna cada vez más incierta y líquida, y donde la experiencia y la relación son progresivamente menos físicas y más virtuales; la existencia ya no solo transcurre en lugares como los descritos por Cortázar. Sino también cada vez más en lo que Augé (2000) denomina como "no lugares", que no pueden definirse como espacios de identidad, históricos o relacionales, sino que enfatizan la individualidad, lo efímero, la actitud mecánica, el anonimato. "Espacios" que ya no son habitados en el sentido antropológico del término, sino únicamente transitados de forma aparentemente aséptica y neutral, dando lugar a una nueva tipología de existencia en la que el sujeto "es no-siendo" (Inés Araujo, 2017).

Ante la emergencia de este nuevo escenario, en el cual las tecnologías digitales trasforman "decisivamente nuestra conducta, nuestra percepción, nuestra sensación, nuestro pensamiento [y] nuestra convivencia" (Han, 2014, p. 6), resulta imperioso preguntarse de qué se llena el tiempo en nuestro presente. Al hilo de lo cual, y tomando como referencia la unidad temporal de un minuto, son ya clásicas las infografías que tratan de capturar la actividad humana en la actual sociedad, como la que se muestra en la figura siguiente.

Fig. 1. *Un minuto en Internet en 2023,*
según eDiscover Today & LTMG

Nota. eDiscover Today & LTMG (2024)

Observando la infografía puede apreciarse que en un minuto se producen, entre otras acciones, 2'4 millones de búsquedas en Google y 22.831
visitas a ChatGPT, se envían 6'94 millones de emoticonos y 18'8 millones
de mensajes de texto, se visualizan 694.000 horas de vídeo en YouTube y
se suprimen 11.035 cuentas falsas de Facebook. Estos ejemplos ilustran
claramente hasta qué punto las plataformas digitales se han convertido
en elementos cotidianos y naturales de nuestro día a día, adueñándose
prácticamente por completo de nuestro tiempo vital.

La sociedad actual es, pues, una sociedad fascinada por lo digital
y también víctima de la locura del solucionismo tecnológico a la que
apunta Morozov (2016). Una sociedad en la que, cumpliendo el *dictum*
de Postman (1994), se ha producido una mistificación de las tecnologías

digitales, ahora concebidas como una especie de nuevos ídolos que a partir de la seducción nos interpelan a utilizarlas, a necesitarlas, a incrustarlas en lo más íntimo.

Estos fenómenos se extienden también por la escena educativa que, impregnada de la tecnofilia imperante, ha incorporado las plataformas digitales como elementos cotidianos en los centros escolares. Ahora bien, ¿en qué consisten estos artefactos?, es decir, ¿a qué nos referimos cuando aludimos al concepto de "plataforma digital"? En el siguiente epígrafe trataremos de despejar estos interrogantes.

I.2. LAS PLATAFORMAS DIGITALES: DEFINICIÓN Y TIPOLOGÍAS

El concepto de "plataforma digital" constituye un término polisémico y, en cierta manera, ambiguo. Como defiende Gillespie (2010), se trata de un vocablo suficientemente específico para tener significado y entidad propios; pero, a su vez, suficientemente difuso como para ser identificado con múltiples realidades. Lo cual provoca la paradoja de atribuir la noción de plataforma digital a artefactos tan dispares como una red social, una nube digital, plataformas de compras como Amazon o Shein, el buscador de viajes Trivago, o la plataforma educativa Edmodo, por citar algunos ejemplos. Esta diversidad evidencia que las plataformas digitales constituyen una tipología especial de tecnología que opera en línea y que puede adquirir múltiples formatos como: sistemas operativos, buscadores en línea, redes sociales, o herramientas comerciales de diversa índole, ya sean ventas, transporte, alquiler, *crowfunding*, etc. (Geliskhanov y Yudina, 2018).

En términos generales, una plataforma digital es una tecnología basada en Internet que permite el procesamiento de la información, la gestión de la comunicación, o la creación e intercambio de contenido (Williamson, 2017a). Las plataformas digitales operan a través de la gestión de las interacciones entre los usuarios. Recopilan, almacenan y extraen sus datos de forma sistemática a través de las tareas que estos ejecutan en las plataformas, y mediante procesamientos algorítmicos, con el objetivo de ponerlos en circulación y monetizarlos. Los usuarios constituyen, pues, un elemento fundamental para el desarrollo y la supervivencia de las plataformas. Dado que son precisamente sus datos lo que permite capitalizar, erigiéndose como la nueva "materia prima" del capitalismo de plataformas. De ello se deriva el despliegue de sistemas para la atracción y captación de los usuarios, como ofrecer prestaciones atractivas, periodos de prueba gratuitos, descuentos y promociones, etc. En este sentido, las plataformas digitales operan a través de efectos de red: cuanto mayor es el número de usuarios, aumenta su valor porque se amplían sus posibilidades de extracción y explotación de mayores cantidades de datos, y con ello de capital. Atendiendo a los efectos de red, Mahlkow (2016) desarrolla una propuesta de clasificación de las plataformas digitales, según los aspectos sintetizados en la figura siguiente.

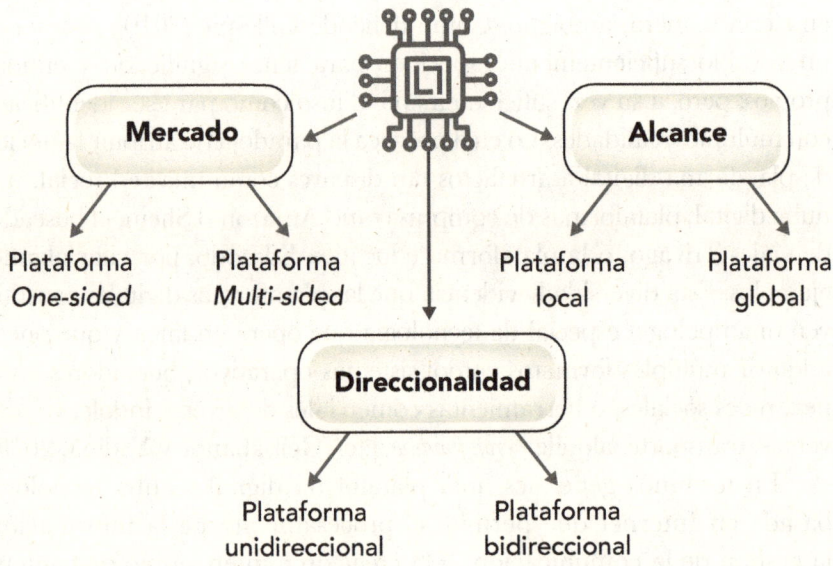

Fig. 2. *Clasificación de plataformas digitales propuesta por Mahlkow (2016), en base a la tipología de sus efectos de red*

Por lo que respecta al carácter del mercado, pueden distinguirse dos tipos distintos de plataformas. Por un lado, las plataformas de banda única (*one-sided platforms*) en las cuales todos los usuarios adquieren el mismo rol, ya que la plataforma les ofrece las mismas propiedades. Todos los usuarios son consumidores de la plataforma, que adopta un carácter de "banda única" o de mercado único. Ejemplos de este tipo son las aplicaciones de mensajería instantánea como Telegram, WhatsApp, etc. Por otro lado, se aprecian las plataformas de múltiples bandas (*multi-sided platforms*), en las cuales se producen complejas relaciones de subordinación. Si bien mantienen la misma característica que las anteriores, siendo todos los usuarios consumidores de la plataforma, en ella se producen nuevas relaciones de subordinación e interdependencia, mediante el establecimiento de jerarquías y roles entre los propios usuarios, a partir de la ampliación de los efectos red. Algunos usuarios son consumidores o clientes de los servicios y productos ofertados por los otros, que actúan como prestadores. De ahí la alusión a las múltiples bandas, porque estas plataformas operan en base al mercado múltiple, erigiéndose como un mercado creador de mercado. En este caso, destacan plataformas como Uber, que necesita de usuarios tanto como de *drivers*; o Wallapop, que cuenta con vendedores y compradores, por citar algunos ejemplos.

Atendiendo a la direccionalidad, existen plataformas unidireccionales y bidireccionales. En las unidireccionales la interacción solamente se produce en un sentido, como en las páginas web y en las plataformas digitales informativas en general. Las cuales, habitualmente, se limitan a ofrecer información, sin posibilidades de interacción. En cambio, en las plataformas bidireccionales o multidireccionales la interacción se produce de forma compleja y en un doble sentido, siendo las redes sociales un claro ejemplo de esta tipología.

La tercera categoría establece la diferenciación según si el alcance del efecto red de la plataforma sea local o global. Algunas plataformas digitales maximizan su impacto en base a efectos locales, como por ejemplo Booking, Airbnb o Uber, para las cuales la ubicación del usuario constituye un elemento clave. En cambio, otras responden a un alcance global, porque el usuario las utiliza con independencia de su ubicación. Como por ejemplo Skype.

Siguiendo con las clasificaciones existentes sobre las plataformas digitales, también destaca la ofrecida por Canals y Hülskamp (2020), resumida en la figura siguiente.

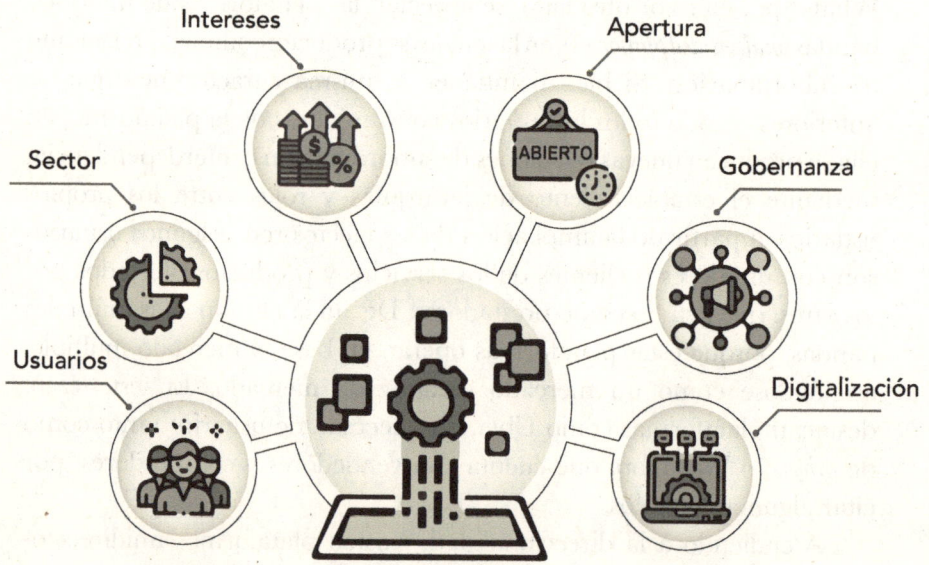

Fig. 3. *Elementos de clasificación de plataformas según Canals y Hülskamp (2020)*

Uno de los elementos diferenciadores en esta clasificación es el perfil de los usuarios de la plataforma, según sean agentes o agencias. Así, pueden encontrarse plataformas: usadas por empresas, dirigidas a usuarios genéricos, o que conectan a usuarios y empresas.

Otro de los criterios es el sector en el que opera la plataforma, pudiendo apreciarse una gran diversidad, desde la esfera empresarial o laboral, hasta el sector cultural y de ocio, el educativo, el sanitario, etc.

Los intereses que sustentan la plataforma también constituyen otro elemento diferenciador, entre aquellas que persiguen intereses lucrativos y las que se ofrecen sin ánimo de lucro. Aunque todas ellas están insertadas en la lógica del capitalismo de plataformas.

Por lo que respecta a la apertura, se detectan plataformas de carácter abierto también denominadas de *software* libre. Y plataformas digitales cerradas, en base al código privativo.

La gobernanza alude a las posibilidades que ofrece la plataforma para que los usuarios puedan tomar decisiones que sean consideradas en los mecanismos de distribución de valor, influenciando con ello el desarrollo de la plataforma. En función de estas posibilidades las plataformas pueden clasificarse según sean colaborativas, que permiten la contribución de los usuarios; y *on-demand*, en las cuales las posibilidades de interacción están predefinidas e impuestas por la plataforma.

Por último, el grado de digitalización atiende al papel que lo material desempeña en la plataforma. En este sentido, se identifican plataformas de bits, que únicamente tratan y capitalizan datos; y plataformas de bits y átomos, que incluyen productos físicos y materiales; como, por ejemplo, las plataformas digitales de *e-commerce*.

Los ejemplos y tipos mencionados hasta el momento evidencian que en la actualidad existe una amplia y variada oferta de plataformas digitales. Por el tema que nos ocupa, este libro focaliza la atención en una tipología específica de ellas: las plataformas digitales que se utilizan en la esfera educativa. A continuación, se detallará qué productos se engloban bajo este concepto.

1.3. LAS PLATAFORMAS DIGITALES EN LA ESCUELA

En línea con las tendencias y fenómenos sociales imperantes, las plataformas digitales también están cobrando cada vez mayor presencia y protagonismo en la escuela, pudiéndose observar múltiples ejemplos de su uso. Los cuales, siguiendo a Decuypere et al. (2021), aluden a dos circunstancias distintas. Por un lado, las herramientas digitales específicamente diseñadas, programadas y creadas con exclusividad para el sector educativo, que pueden denominarse como "plataformas digitales educativas", por ser soluciones específicas para la educación. Por otro lado, se observa la implementación de plataformas digitales de carácter global, frecuentemente desarrolladas por el sector *Big Tech* y centradas en el *sharing*, tanto en la comunicación entre personas como en el trabajo colaborativo a través de la red. Como ejemplos de ello destaca la extendida instalación en la escuela de productos y aplicaciones del "paquete" Microsoft, entre otros. Seguidamente, se detalla cada una de estas tipologías presentes en la escuela actual.

1.3.1. LAS PLATAFORMAS DIGITALES EDUCATIVAS

Una plataforma digital educativa es un programa web compuesto por una serie de herramientas y servicios orientados específicamente a cumplir funciones relacionadas con el trabajo pedagógico. Existe una amplia variedad de esta tipología de plataformas, que pueden clasificarse atendiendo a factores como la titularidad y la funcionalidad. Por lo que respecta al primer criterio, Sánchez Rodríguez (2009) distingue entre tres tipos reflejados en la figura siguiente.

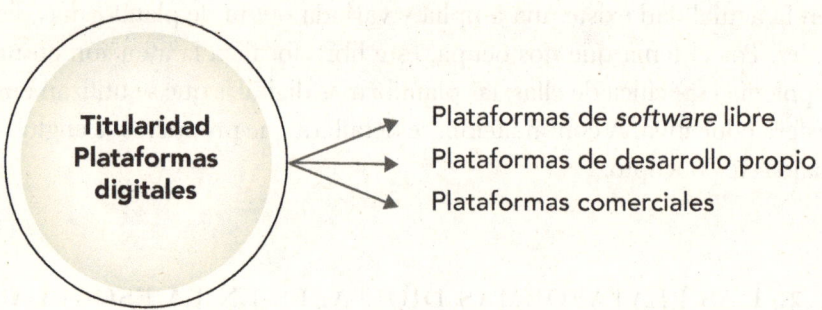

Fig. 4. *Tipos de plataformas digitales según su titularidad, a propuesta de Sánchez Rodríguez (2009)*

Las plataformas de *software* libre se basan en un tipo especial de licencia que dota a los usuarios de libertades, como las posibilidades de modificación y distribución. Por lo que, en la mayoría de las ocasiones, se trata de plataformas gratuitas. Junto a estas también pueden citarse (si bien el autor no las contempla), las plataformas de código abierto, que responden todavía a mayores márgenes de apertura. Un claro exponente de esta tipología es Moodle.

En cuanto a las plataformas de desarrollo propio, habitualmente, son de carácter institucional. Siendo la organización en cuestión quien desarrolla una plataforma digital educativa propia, adaptada a las necesidades y características de sus intereses. En este caso pueden citarse el catálogo de plataformas digitales institucionales ofrecidas por las Administraciones Educativas como son Portal Educatiu o ReDi en el contexto valenciano.

En último lugar, se encuentran las plataformas digitales comerciales, desarrolladas por el sector privado con fines lucrativos. Estas requieren de la adquisición de una licencia o suscripción, comúnmente de carácter anual, por la que se obtiene el derecho a hacer uso de dicha plataforma durante el periodo de tiempo contratado, actuando, por tanto, como un servicio. Ejemplos de ello son las plataformas digitales ofrecidas por las editoriales, o plataformas organizativas como Educamos, entre otros.

Al hilo de esta última tipología, Saura et al. (2021) destacan la influencia de lo que denominan como "Industria EdTech", que engloba dos tipologías principales de empresas: el sector GAFAM y los EdTech Unicorns. El apelativo EdTech Unicorns hace referencia a las corporaciones del sector del desarrollo tecnológico educativo cuya facturación supera los mil millones de dólares en el mercado internacional. Estas desempeñan un papel clave en la escena educativa actual, y entre sus ejemplos podemos citar a GoStudent, Quizlet o iTutor, (Global EdTech, 2022). Por lo que respecta al sector GAFAM, acrónimo de Google, Apple, Facebook, Amazon y Microsoft, alude al monopolio formado por los citados gigantes del desarrollo tecnológico. Este grupo ofrece un amplio catálogo de plataformas digitales educativas que ejercen una importante influencia en la escena actual, tal y como se muestra en la figura siguiente.

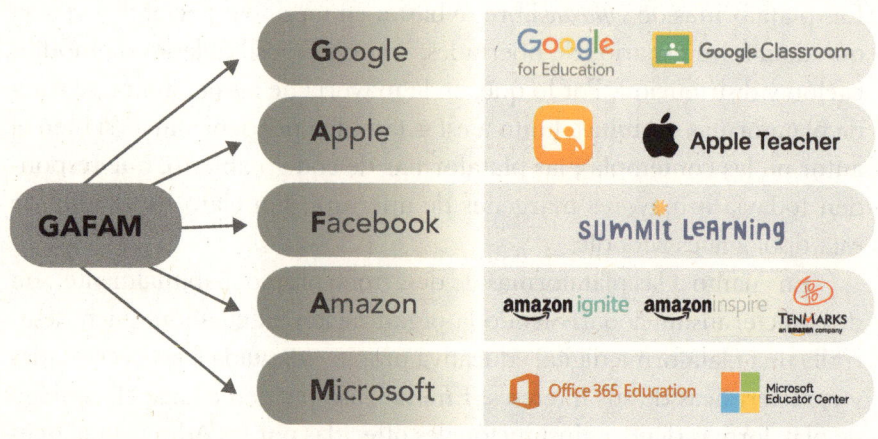

Fig. 5. *Plataformas digitales educativas ofrecidas del sector* GAFAM

En este sector, Google se posiciona como la empresa líder con su paquete *Google For Education* (Monella, 2021), que integra plataformas digitales para cubrir distintas finalidades como el correo electrónico (Gmail), la planificación de tareas (Google Calendar), el almacenamiento digital (Drive), la creación de página web (Sites), la realización de videoconferencias (Meet) y una plataforma de *blended learning* (Google Classroom), entre otros. Además, Google también ofrece cursos de capacitación para el profesorado y eventos de "innovación educativa", reconociendo a los docentes que "innovan" según sus parámetros con la distinción de *Google Certified Educator*. El impacto y la hegemonía que Google ejerce en el panorama educativo actual provoca que algunos autores denominen el fenómeno de uberización de la escuela como "Innovación Tecno-Educativa Google" (Saura et al., 2021, p. 111), y apunten a la precarización y deslegitimación que ello comporta para el profesorado y su trabajo.

Apple ofrece la aplicación digital educativa Apple Classroom, con prestaciones similares a la de Google. También destaca por sus herramientas para la capacitación del profesorado y el fomento de la innovación educativa con sus proyectos *Apple Teacher* y *Apple Teacher Learning Center* que ofrecen acceso a materiales y recursos educativos digitales, píldoras formativas, e incluso posibilidades de encuentro y conexión con otros "docentes Apple", creando una especie de red de buenas prácticas e innovación educativa, cuyo trabajo es reconocido mediante la distinción de *Apple Distinguished Educators*.

Con relación a Facebook, desempeñó un papel fundamental en la creación de Summit, una plataforma de personalización del aprendizaje que ha dado lugar a la emergencia de un modelo de escuela: las *Summit Public Sschools*, extendidas en Estados Unidos. Tanto el modelo educativo como la propia plataforma Summit están basadas en el enfoque competencial y desregulado de la educación, que encubre una extrema devolución de responsabilidades hacia el alumnado, abogando prácticamente por la invisibilización del docente, que es relegado por la plataforma. Un fenómeno que, finalmente, ha desencadenado importantes críticas entre las familias y el alumnado, calificadas por Guimón (2019) de "rebelión", y que Boninger et al. (2020) sintetizan como "Grandes promesas, escasas evidencias y mucho dinero", evidenciando el fetichismo de la mercancía y la mistificación que gravitan en torno a las plataformas digitales, así como la asunción acrítica de los discursos hegemónicos sobre las mismas.

Por lo que respecta a Amazon ofrece tres plataformas digitales. Es propietaria de *TenMarks*, una aplicación para la enseñanza de las matemáticas, de *Amazon Ignite*, una plataforma que conecta a clientes y creadores de contenidos educativos. Y en el pasado realizó el pilotaje de la plataforma *Amazon Inspire*, un repositorio de REA, es decir, de Recursos Educativos Abiertos (OER: *Open Educational Resources*) que fue relanzada en 2016, pero que no se encuentra operativa en la actualidad.

Finalmente, destaca Microsoft 365 para la educación, un paquete de programas para fines variados, entre los cuales destacan las denominadas plataformas colaborativas que permiten intercambiar y compartir archivos, como *OneDrive* o *Teams*. Este sistema se encuentra ampliamente extendido en las escuelas incluso a nivel institucional, como es el caso del sistema educativo público valenciano, que en la actualidad cuenta con un acuerdo, suscrito en diciembre de 2020, entre Microsoft y la Conselleria de Educación, Cultura y Deporte de la Generalitat Valenciana para la implementación de estas herramientas en las escuelas. Junto a ello, la multinacional también dispone de un *Microsoft Educator Center*, similar al de Google o Apple, que "forma" y "certifica" al profesorado.

Siguiendo con la clasificación de las plataformas digitales educativas, con relación a la otra de las dimensiones anteriormente contempladas, la funcionalidad, se encuentran diversas propuestas de clasificación. Entre ellas, destaca la ofrecida por Area Moreira (2003), quien establece dos categorías: las plataformas de carácter informativo y las de carácter formativo. A su vez, estas pueden adquirir distintos formatos, sintetizados en el esquema siguiente.

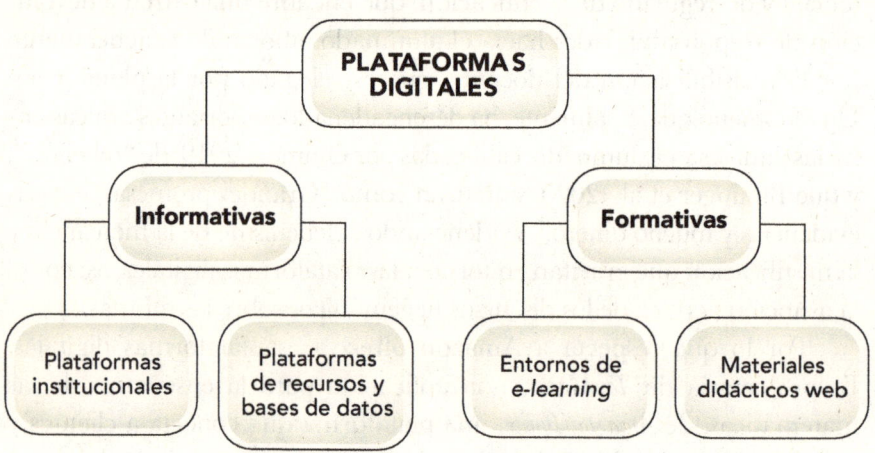

Fig. 6. *Tipología de plataformas digitales educativas según Area Moreira (2003)*

Las plataformas de carácter informativo engloban dos tipos distintos: las institucionales y las de recursos y bases de datos. Las primeras ofrecen información sobre una organización educativa, como pueden ser las páginas web de los centros escolares o de las Administraciones Educativas. Mientras que las plataformas de recursos educativos y las bases de datos dan acceso a materiales relacionados con la educación, bien sean materiales didácticos digitales, recursos para la organización de los centros escolares, etc. Su nombre deriva de que proporcionan datos e información diversa a las personas usuarias. Ejemplos de esta última categoría son los repositorios de recursos digitales o de materiales didácticos digitales.

Por lo que respecta a la segunda tipología, las plataformas digitales de carácter formativo, también se diferencian dos formatos: los entornos de *e-learning* (espacios virtuales específicamente diseñados para desarrollar actividades y procesos de enseñanza-aprendizaje a través de Internet, como las aulas virtuales) y los materiales didácticos web en formato plataforma, que operan a través de Internet. Como, por ejemplo, las WebQuest o los tutoriales.

Focalizando la atención en las plataformas digitales educativas de carácter formativo, Kasim y Kalid (2016) establecen una propuesta de clasificación en base a tres tipologías: LMS, CMS y LCMS. Los sistemas de gestión de aprendizaje, LMS por sus siglas en inglés: *Learning Management System*, son plataformas digitales diseñadas para la gestión del proceso de enseñanza-aprendizaje a través de Internet. Permiten el manejo de contenidos didácticos, la interacción entre docentes y estudiantes y entre estos últimos, y suelen ofrecer herramientas para monitorizar el progreso del alumnado.

Mientras las plataformas LMS se centran en el proceso, los sistemas de gestión de contenido o CMS (*Content Management System*) son plataformas digitales que se vertebran en torno a la gestión de contenidos digitales. Bien sean vídeos, animaciones, textos, imágenes, sonidos, etc. Estas plataformas sirven para la creación y publicación de contenidos didácticos digitales, para su edición y manejo, o para descargar y compartir contenidos, entre otras finalidades.

Del encuentro entre ambas tipologías anteriormente mencionadas emergen los sistemas de gestión de contenido de aprendizaje (LCMS - *Learning Content Management System*). Son plataformas digitales que combinan ambas finalidades y pueden describirse como entornos virtuales que permiten la interacción entre profesorado y alumnado (y de estos entre sí) y que ofrecen al docente posibilidades para crear, editar, publicar, almacenar y gestionar contenidos y tareas didácticas digitales, bien sea de forma síncrona o asíncrona.

Estos mismos tipos también son planteados por Fernández-Pampillón Cesteros (2009) quien denomina las plataformas LMS como plataformas de carácter general, destacando sus posibilidades para la administración, la comunicación, la gestión de contenidos, la gestión de grupos y la evaluación. Y, por otra parte, señala la existencia de plataformas digitales educativas específicas, centradas en un área o función concreta. Entre ellas se encuentran las plataformas CMS y LCMS, pero también los entornos personales de aprendizaje (PLE o *Personal Learning Environments*).

A estas tipologías Segura (2009) añade una cuarta: las redes sociales educativas, que han proliferado especialmente en los últimos años. Se trata de plataformas digitales que usan *softwares* en línea para crear comunidades de personas y conectar a sus distintos usuarios. Entre ellas destacan los blogs educativos, las herramientas chat, las cuentas de correo electrónico o los foros educativos.

A modo de síntesis integradora de la información expuesta, en la figura 7 se presenta una propuesta de clasificación de las plataformas digitales educativas atendiendo a los dos aspectos más subrayados por la literatura académica: la titularidad y la funcionalidad. Entendiendo estas categorías no como excluyentes, sino como complementarias. Tras ello, se procederá a detallar la segunda de las realidades anteriormente expuestas: las plataformas digitales de carácter global.

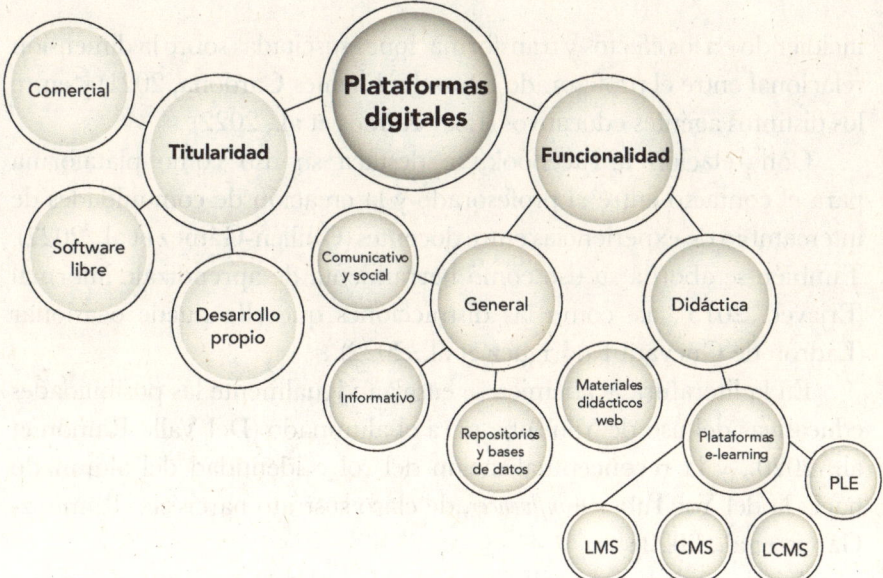

Fig. 7. *Propuesta de clasificación de tipologías de plataformas digitales educativas*

1.3.2. Las plataformas digitales globales utilizadas en la esfera educativa

Además de las plataformas digitales específicamente educativas, descritas en el epígrafe anterior, en la escuela actual se utiliza también de forma cotidiana un variado abanico de plataformas digitales genéricas. La mayoría de ellas, como cabe suponer, no fueron diseñadas originariamente para usos educativos. Estas se han incorporado a los centros escolares por ósmosis social en base a la asimilación y reproducción de las prácticas sociales y culturales preferentes, por las preferencias del profesorado, o ante la ausencia de herramientas similares propiamente educativas.

La presencia de estas plataformas digitales en los sistemas escolares queda patente en la literatura académica reciente. Resultan especialmente cuantiosas las investigaciones que abordan el uso de WhatsApp en la escuela Infantil y Primaria. Bien sea como herramienta didáctica para la transmisión de contenido y para la gestión del proceso de enseñanza-aprendizaje (Encinas Saravia, 2021). O en su dimensión comunicativa, incidiendo en los efectos y transformaciones suscitadas sobre la dimensión relacional entre el profesorado (Dussel y Fuentes Cardona, 2021) y entre los distintos agentes educativos (Loor Ramos et al., 2022).

Con relación a Facebook, se destaca su uso como plataforma para el contacto entre el profesorado y la creación de comunidades de intercambio de experiencias entre docentes (Guillén-Gámez et al., 2022). También se aborda su uso como herramienta de aprendizaje informal (Erjavec, 2013), así como las distracciones que ello puede ocasionar (Ladrón de Guevara Rodríguez et al., 2022).

En la literatura académica se ensalzan igualmente las posibilidades educativas del uso de YouTube para el alumnado (Del Valle-Ramón et al., 2020), y la reconceptualización del rol e identidad del alumnado hacia la del YouTuber e *influencer*, de claro sustrato narcisista (Ramírez-García et al., 2022).

Asimismo, destaca el caso de la plataforma anteriormente denominada como Twitter y ahora como "x", que suscita el interés académico mediante el análisis de su uso como herramienta para favorecer el desarrollo profesional docente (Carpenter y Morrison, 2018), promover el aprendizaje del alumnado y gestionar su comunicación (Gunuc et al., 2013) y conectar las familias y la escuela (Gómez Escobar, 2015).

Por último, también surgen estudios que abogan por la implementación de TikTok como herramienta para fomentar el aprendizaje del alumnado (Anumanthan y Hashim, 2022) y la colaboración y comunicación entre el profesorado (Hartung et al., 2022).

La naturalización de todas estas plataformas digitales genéricas en la escuela evidencia claramente el profundo calado de la uberización. Ya que con ello no solo cambian los recursos y las herramientas de trabajo, sino la propia lógica de funcionamiento del sistema educativo y de los centros escolares, que ahora posibilita y legitima la entrada en la escuela del sector privado del desarrollo tecnológico. Estos hechos evidencian que la trasformación provocada por las plataformas digitales constituye un fenómeno global y holístico, en el cual las plataformas actúan como tecnologías que instauran nuevos paradigmas de sociedad y de escuela. Fenómeno en el que se profundizará seguidamente.

1.4. UNA NUEVA TECNOLOGÍA… PARA UN NUEVO MODELO DE SOCIEDAD Y DE ESCUELA

Los datos y reflexiones expuestos en este capítulo evidencian que, en términos tecnológicos, las plataformas digitales son tecnologías que responden al código informático y funcionan a partir de datos, interfaces, protocolos y algoritmos de programación (Van Dijck y Poell, 2013). Pero, como toda tecnología, las plataformas digitales no son elementos neutros, pese a que se revistan de una aparente indiferencia técnica (Gillespie, 2010). Sino que moldean el comportamiento humano sometiéndolo al algoritmo. Más todavía porque, como argumentan Ibert et al. (2021), las prácticas que se desarrollan en las plataformas digitales siempre se sitúan en prácticas fuera de ellas, con las cuales establecen complejas interdependencias y sinergias.

En virtud de las observaciones precedentes, Geliskhanov y Yudina (2018) califican las plataformas digitales de "nueva institución económica" y Srnicek (2018) las enuncia como el "nuevo modelo de negocios". En términos similares, pero enfatizando su calado holístico en la sociedad, Gawer (2014) las señala como "dispositivos organizativos", destacando su condición de mediadoras en la interacción entre distintos agentes o agencias. Y Van Dijck et al. (2018), las definen como una "arquitectura digital" a partir de la cual se cimienta lo que estos autores denominan con la expresión de "Sociedad de las Plataformas", que se corresponde con el modelo social emergido del capitalismo de plataformas.

Tomando en consideración estos postulados, asumimos con los citados autores que las plataformas digitales trascienden el mero fenómeno económico o tecnológico. En la actualidad, han penetrado (y han logrado incrustarse de manera efectiva) en el seno de las distintas esferas y dimensiones sociales. Socavando con ello los cimientos que hasta el momento venían vertebrando la sociedad, hasta provocar una reconceptualización intensa y profunda de ella misma y de las estructuras y prácticas sociales.

Tal y como defienden Van Dijck et al. (2018), las plataformas digitales no son reflejo de lo social, sino que es la propia sociedad actual la que está siendo profundamente transformada en base a la lógica de las plataformas. Que operan como la nueva forma de acumulación de capital en el capitalismo de plataformas y, por tanto, como la nueva forma organizativa de vida. En definitiva, las plataformas digitales emergen como una tecnología muy particular, que no solo está provocando una revolución en la escuela, sino que deriva de una revolución mucho más global: la del paradigma de sociedad y de vida humana. Un fenómeno que viene gestándose desde hace décadas y que, progresivamente, ha ido calando e incrustándose en el imaginario educativo.

Partiendo de este escenario, nos preguntamos: ¿cómo han llegado las plataformas digitales a la escuela?, ¿a través de qué iniciativas, discursos y prácticas han logrado estos artefactos penetrar en el seno de la institución escolar, y en las prácticas que en ella se desarrollan? Estas cuestiones, entre otras, se abordarán en el siguiente capítulo mediante el análisis de la transformación digital de la escuela. Para ello, se efectuará un recorrido histórico por este fenómeno, transitando desde la escuela de las tecnologías, hacia la escuela "enredada", para llegar finalmente a la actual escuela de las plataformas. *Así que carguen sus baterías... y disfruten de explorar y navegar por el ecosistema educativo digital.*

II

DE LA ESCUELA DE LAS TECNOLOGÍAS A LA ESCUELA DE LAS PLATAFORMAS

2.1. Navegando entre bits y tizas: Un recorrido por la transformación digital de la escuela

Uno de los visionarios del género literario que hoy conocemos como *Future Sci-Fi* o *Futuristic Fiction*, Philip K. Dick, planteaba en su novela *Ubik* que "el hombre no contiene al muchacho, sino a los hombres que le precedieron. La historia empezó hace mucho"[1] (Dick, 1962, p. 725). Al igual que en este caso, la historia de la transformación digital de la escuela también empezó mucho antes de la irrupción de las plataformas digitales en su seno.

Pese a la masiva circulación de las narrativas que las presentan como novedades en el sistema educativo, la implementación de las tecnologías digitales cuenta con una dilatada trayectoria que inició en el siglo pasado. Fue precisamente en la década de los setenta cuando empiezan a introducirse en las aulas. Siempre auspiciadas por discursos que enfatizan su potencial para renovar y modernizar la enseñanza, y también para resolver las variadas problemáticas atribuidas a un modelo de sistema educativo que se viene presentando como "en crisis" desde la publicación del informe *A Nation at Risk: The imperative for Educational Reform* (National Comission on Excellence in Education, 1983) redactado durante el gobierno de Reagan por la Comisión Nacional de Excelencia Educativa del Departamento de Educación de los Estados Unidos.

Los discursos sobre la crisis de la educación pública se han erigido como un potente dispositivo para la introducción y legitimación de las tecnologías digitales en la escuela. Concebidas como elementos de salvación, y vertebradas en torno a una visión claramente neoliberal del desarrollo tecnológico, al servicio de la productividad y la competitividad (Paredes Labra, 2012). En estos primeros momentos, se dirige la mirada hacia las posibilidades didácticas de la radio y de la televisión, que pronto empezarían a dar paso a tecnologías cada vez más sofisticadas.

---

[1] Traducido de la versión original: "The man contains –not the boy– but earlier men, he thought. History began a long time ago".

De forma que en la década de los ochenta el concepto de "Tecnología Educativa", también denominado como "Tecnología de la Educación", cobra ya entidad propia tal y como lo conocemos en la actualidad. Cabe destacar que se trata de un fenómeno que no nace de la escuela ni de sus profesionales. Ni siquiera surge como una demanda social. Sino que es directamente impulsado por uno de los organismos supranacionales que mayor influencia viene ejerciendo en la configuración de las políticas educativas: la UNESCO (Organización de las Naciones Unidas para la Educación, la Ciencia y la Cultura), a través de su *Glossary of educational technology terms*, en el cual se incorpora la definición siguiente:

> **Tecnología de la educación:** En su sentido original, se refiere al uso, para fines educativos, de los modernos medios de comunicación de masas, los materiales audiovisuales, la computadora, etc. En un sentido más amplio hoy abarca la aplicación de todo sistema, técnica o material que permite mejorar el proceso de enseñanza-aprendizaje, tomando en cuenta tanto los recursos técnicos como los humanos y su interacción con el fin de conseguir la mayor eficacia posible. En este sentido, la tecnología de la educación emplea el análisis de sistemas como instrumento teórico. Sinónimo: tecnología educacional. (UNESCO, 1984, p. 229)

Con ello se inicia un proceso imparable fruto del cual los distintos sistemas educativos, cada vez más globalizados, se irán digitalizando progresivamente. Siempre bajo la atenta mirada (e impulso) de organismos supranacionales cuyo carácter y orientación trasciende (cuando no se aleja) de lo educativo. Como la ya citada UNESCO, pero también la OCDE (Organización para la Cooperación y el Desarrollo Económico), el Banco Mundial o el FMI (Fondo Monetario Internacional), entre otros.

Este fenómeno ofrece pistas de que la implementación de las tecnologías digitales en la escuela no responde meramente a factores didácticos. Sino que forma parte de una transformación mucho más holística e incisiva, destinada a instalar efectivamente un nuevo orden mundial: el capitalismo digital, ahora reformulado como capitalismo de plataformas.

Es precisamente el carácter de la escuela como productora de subjetividades lo que la convierte en el foco de atención de las políticas y acciones emprendidas por los organismos supranacionales, y en protagonista cándida e inesperada de la revolución digital. Esta revolución ha atravesado distintas etapas, acorde a la propia evolución del desarrollo tecnológico. De forma que la escuela ha ido importando e incorporando durante décadas artefactos tecnológicos variados. Los cuales, pese a no estar diseñados específicamente para fines educativos, se han presentado como recursos didácticos de valor superior a los tradicionales.

Si en los setenta se defendía el potencial de la radio y de la televisión, los ochenta y noventa dieron paso al vídeo y al ordenador respectivamente. Posteriormente, en la década del 2000 se abrazó la Galaxia Internet (Castells, 2001) y la escuela centró sus esfuerzos en la conectividad y en la creación de aulas de informática (Curran, 2012). A partir de aquí se produjo un auténtico *big bang* digital mediante la incorporación de dispositivos digitales diversos, entre los que podemos citar la Pizarra Digital Interactiva (PDI), los Chromebooks, los ordenadores portátiles, los iPads y las tabletas digitales, los eBooks, etc. Y, más recientemente, los robots (denominados como "robótica educativa"), los drones, el *scratch* o la gamificación digital, destacando especialmente las plataformas y aplicaciones digitales.

En este proceso de transformación digital de la escuela se pueden distinguir cuatro grandes fases o estadios, que quedan recogidos en la figura 8. Cada una de ellas se vertebra en torno a un elemento en particular, actuando con carácter acumulativo.

Fig. 8. *Evolución del proceso de transformación digital de la escuela*

Siguiendo los planteamientos de Salinas Fernández y San Martín Alonso (1998), se aprecia la progresiva transición desde un modelo organizativo centrado en la institución hacia otro modelo más desregulado en el cual las plataformas digitales se erigen como epicentro de la organización. Partiendo de este esquema, a continuación, se detallará cada una de estas fases destacando sus características e incidiendo en las principales iniciativas desarrolladas en cada una de ellas tanto en el contexto internacional (fundamentalmente en la Unión Europea), como en el español y el valenciano.

2.1.1. El modelo artefacto-céntrico: la tecnocolonización de la nueva escuela de las tecnologías

La primera fase de la transformación digital de la escuela se centra en proveer a los centros escolares con equipamiento digital diverso, que ha ido variando en función de las tendencias y modas imperantes en cada momento. Es por ello que hemos denominado este estadio como modelo "artefacto-céntrico", el cual se corresponde con lo que San Martín Alonso (1995) denomina como "escuela de las tecnologías".

Además de introducir artefactos, esta fase da inicio a la asunción en la esfera educativa de los discursos que presentan a las tecnologías digitales como elementos de innovación educativa. Razón por la cual, Quintanilla (2005) conceptualiza este fenómeno como el arranque de la "tecnocolonización", porque no solo implica la entrada de nuevos recursos, sino también de nuevos valores y principios. En concreto, las políticas e iniciativas de digitalización emprendidas en esta etapa se articulan en torno a tres ejes, representados en la Figura 9, que ya se mantendrán como una constante en la evolución y trayectoria de las tecnologías digitales en la escuela.

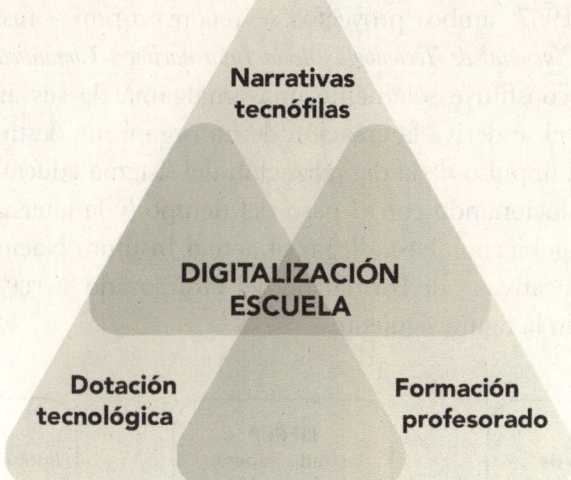

Fig. 9. *Ejes vertebradores de las políticas e iniciativas de digitalización de la escuela*

Como se aprecia en la figura anterior, la transformación digital de la escuela combina la dotación tecnológica a los centros escolares con la formación del profesorado destinada a utilizar el equipamiento digital en las aulas, así como la construcción y circulación de discursos orientados a legitimar y avalar la introducción de las tecnologías digitales como recursos didácticos de gran valor y potencial. Estos ejes forman una poderosa tríada responsable de la instalación efectiva del trabajo digital en la escuela. El cual, como ya se ha expuesto anteriormente, responde a una lógica distinta a la educativa y es deudor de intereses que escapan a lo didáctico.

Centrándonos en las iniciativas desarrolladas en esta fase, a nivel europeo destacan los esfuerzos de los organismos supranacionales por impulsar la penetración de las tecnologías en los sistemas educativos. En el contexto español, estas pretensiones se traducen en el surgimiento de los *Programas experimentales Atenea y Mercurio*, creados en 1985, y "cuya finalidad era la introducción racional y paulatina del ordenador y del vídeo en la educación primaria y secundaria" (MEC, 1988, p. 3).

En el año 1987, ambos proyectos se reconvertirían y fusionarían en el *Programa Nacional de Tecnologías de la Información y Comunicación* (PNTIC). El cual no constituye solamente una amalgama de sus antecedentes, sino que de él se deriva la creación de un organismo destinado específicamente al impulso de la digitalización del sistema educativo español, que iría evolucionando con el paso del tiempo (y la alternancia de los partidos de gobierno), hasta llegar al actual Instituto Nacional de Tecnologías Educativas y de Formación del Profesorado (INTEF), tal y como se muestra en la figura siguiente.

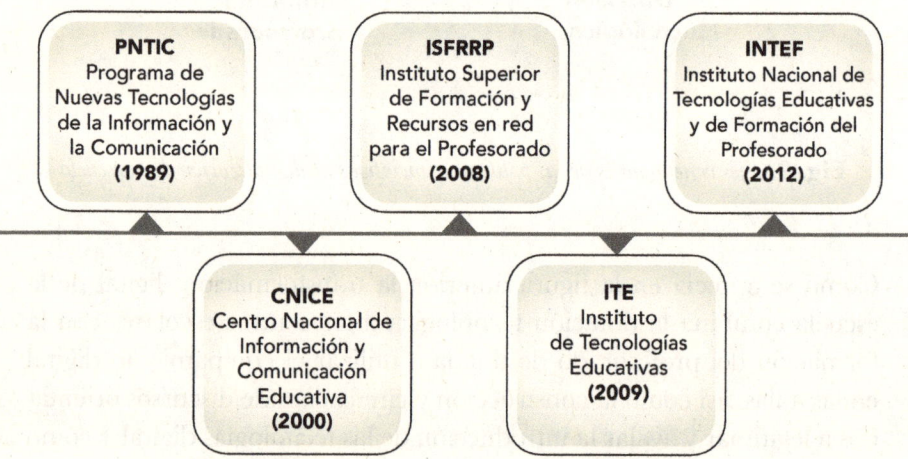

Fig. 10. *Evolución de los organismos estatales de Tecnología Educativa en España*

El "turnismo" político característico de nuestro país ha provocado la continua reconversión de estos organismos. Dado que, como también se refleja en la sucesión de legislaciones educativas, la configuración de las políticas educativas constituye un terreno de juego privilegiado para la pugna característica entre el Partido Socialista Obrero Español (PSOE) y el Partido Popular (PP). Así, el PNTIC creado en 1989 por el gobierno de Felipe González es sustituido por el CNICE en el 2000, tras la llegada de Aznar. A su vez, este se reconvierte por el gobierno de Rodríguez

Zapatero en el ISRFFP en 2008 y en el ITE en 2009 (transformación que también surge como maniobra de instrumentalización política, a raíz de la reestructuración de los departamentos ministeriales de abril de 2009). Y, finalmente, se consolida en el actual INTEF en 2012 por el gobierno de Rajoy. Organismo que se ha mantenido tras los últimos cambios acontecidos en 2019 y 2023, con renovación de sus cargos directivos. Pese a esta evolución de nomenclaturas, el trasfondo y la finalidad son compartidos por los distintos organismos mencionados. Lo que evidencia que el impulso a la digitalización del sistema educativo trasciende las orientaciones o enfrentamientos partidistas, respondiendo a un proyecto mucho más global.

Redirigiendo la mirada nuevamente a las iniciativas gestadas en la fase artefacto-céntrica, paralelamente al desarrollo de los *Proyectos Atenea y Mercurio* en el denominado como territorio MEC, algunas Comunidades Autónomas del estado español, en virtud de lo aprobado en sus Estatutos de Autonomía, empiezan su andadura en la transformación digital de la escuela mediante la implementación de programas propios que comparten planteamientos con los nacionales. Como exponentes de este fenómeno pueden citarse el *Programa d'Informàtica Educativa* en Cataluña, el *Plan Vasco de Informática Educativa* en el País Vasco, los *Proyectos Abrente y Estrela* en Galicia, el *Plan Zahara XXI* en Andalucía o el *Proyecto Ábaco* en Canarias (Area Moreira, 2002; CEE, 1993; INTEF, 2017b).

Con similares argumentos, en el contexto de la Comunitat Valenciana se implementa en 1985 el *Pla d'Introducció de la Informàtica als Centres d'Ensenyament Mitjà de la Comunitat Valenciana*. El cual, si bien todavía no contempla a los centros de Educación Primaria, supone la primera iniciativa explícita emprendida por el gobierno valenciano para introducir las tecnologías en el sistema educativo. Dicho plan comparte los tres ejes expuestos en la anterior figura 9, y dota a los centros escolares de ordenadores. Tras él se sucederán, década tras décadas, iniciativas encaminadas a seguir consolidando la instauración efectiva de las tecnologías digitales en la escena educativa, vertebradas en torno a distintos modelos que se expondrán en los epígrafes siguientes.

La progresiva descentralización en materia educativa da lugar a la configuración de un escenario cada vez más desregulado pero que sigue compartiendo un mismo objetivo común: la digitalización. Se articula con ello una especie de mosaico de políticas, formado por teselas autonómicas, que remiten a la idea expuesta por Toffler (1990) sobre el "mosaico móvil o multidimensional", vertebrado en torno a la fragmentación y la diversidad, características de la lógica organizativa postmoderna, y que se acentuará cada vez más con el paso del tiempo y la transición entre los distintos modelos de transformación digital de la escuela que se continuarán relatando.

2.1.2. El modelo Internet-céntrico: el click hacia la escuela enredada del siglo XXI

El segundo estadio en el proceso de transformación digital de la escuela amplía la mirada para sumar, a la dotación de equipamiento tecnológico característica de la etapa anterior, el énfasis en la conectividad de los centros escolares a Internet. Inaugurando así lo que hemos denominado como modelo "Internet-céntrico", conceptualizado por San Martín Alonso (2009) como "escuela enredada". Cabe destacar que esta focalización en Internet no es exclusiva de la esfera educativa. Sino que se trata de un fenómeno global, coincidente con la irrupción de lo que Castells (2001) denomina como "Galaxia Internet", en la cual Internet no solo constituye una poderosa herramienta de comunicación e interacción entre los seres humanos, sino que se erige como el nuevo paradigma organizativo de la vida humana. La cual cada vez se torna más líquida y ubicua, asumiendo las características de la propia red que la vertebra.

Este periodo coincide con hitos importantes en el desarrollo tecnológico, que acentúan todavía más la fascinación por lo digital. Entre ellos, destaca el lanzamiento en 1995 por parte de Microsoft de su sistema operativo Windows 95, que supone una auténtica revolución del sector informático y de la sociedad en general. Al tiempo que sucede la derrota del célebre ajedrecista ruso Garry Kasparov por el superordenador Deep Blue creado por IBM, legitimando la tesis respecto al triunfo progresivo de la tecnología frente a la humanidad (Mattelart, 2002).

Esta fascinación por lo digital penetra también en la escena educativa, que se hace eco de estos planteamientos mediante la promoción de iniciativas destinadas a avanzar hacia lo que se reivindica como "la escuela del siglo XXI" (Fernández Enguita, 2018) o "la escuela del futuro" (Calatayud Salom, 2008), concebida como una escuela en la que las tecnologías ostentan cada vez un papel más protagonista.

En esta fase "Internet-céntrica" se pueden distinguir dos periodos o subfases distintas, acorde al elemento prioritario al que se dirigen las iniciativas. La primera de ellas, más amplia y general, se centra en la conectividad del centro escolar (enfoque de centro). Tras ella, se sucede una segunda etapa más específica y concreta, que se orienta hacia la dotación de las aulas (enfoque de grupo o enfoque de aula) y que iría evolucionando hasta llegar al siguiente modelo: el 1:1, que se describirá posteriormente.

Analizando las iniciativas desarrolladas en la fase "Internet-céntrica", el contexto valenciano constituye un exponente temprano de esta nueva orientación. En el marco del *Plan Estratégico de Modernización de la Administración Valenciana* del 1996 (PEMAV), se desarrolla el paquete de *Proyectos InfoCentre*, entre los cuales se encuentra el *Proyecto Infocole*, que sustituye al anterior *Pla d'Introducció de la Informàtica als Centres d'Ensenyament Mitjà de la Comunitat Valenciana* (1985). El *Proyecto Infocole* ya no se centra únicamente en dotar de ordenadores a los centros escolares, sino también de conectividad a través del sistema rdsi.

También el contexto nacional reproduce este enfoque "Internet-céntrico", impulsado por el recién creado CNICE (Centro Nacional de Información y Comunicación Educativa), que actúa como organismo articulador del PNTIC y del Centro de Innovación y Desarrollo de Educación a Distancia (CIDEAD). Una de las principales iniciativas de esta etapa es la creación de la empresa pública Red.es en 2002 y del Convenio Marco para el desarrollo del *Programa Internet en la Escuela* (2002-2006), cofinanciado por la Administración estatal y las autonómicas. Dicho programa combinaba el diseño y la difusión de materiales didácticos educativos con la provisión de red y de *software* a los centros escolares.

Tanto el programa valenciano como el nacional evidencian ya desde su propia nomenclatura el énfasis en Internet característico de esta etapa (Area Moreira et al., 2014). Orientación que ya no abandonará las políticas de digitalización del sistema educativo, pudiéndose apreciar numerosas iniciativas dirigidas a tal finalidad, reflejadas en la figura 11. Como se ha expuesto, estas van transitando de un enfoque focalizado en el centro (claramente evidente en la nomenclatura del *Programa Internet en la Escuela*), hacia un enfoque centrado cada vez más en el aula, acorde a las dos subfases anteriormente planteadas.

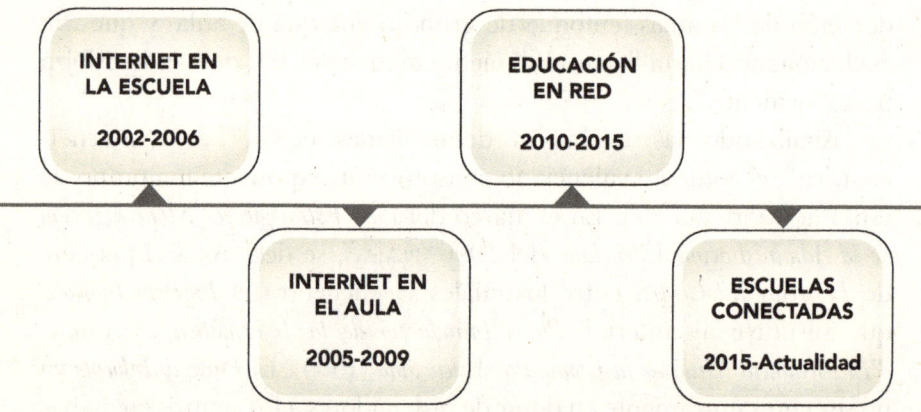

Fig. 11. *Programas de conectividad estatales del sistema educativo español*

La transición del enfoque de centro hacia el de aula también es visible en el caso valenciano. Donde el PEMAV (1996-1999) es sustituido por el *II Plan de Modernización de la Comunitat Valenciana*, conocido como "Moderniza.com" (2000-2003), posteriormente sustituido por el *Plan Avantic* (2004-2010). En el marco de este último plan, se sustituye Infocole (vertebrado en torno al enfoque centro) por el *Pla MÉS–TIC* y el *Pla INTEGRA–TIC*, centrados en el enfoque aula. Ambos inciden en la visión de las tecnologías digitales como herramientas de modernización e innovación educativa. El *Pla MÉS–TIC* se dirige a generalizar las tecnologías digitales y la conectividad en los centros escolares. El *Pla* INTEGRA–TIC comparte las mismas finalidades, pero su carácter es más específico. Ya que sus acciones se dirigen a los centros educativos públicos específicos de Educación Especial, las aulas hospitalarias de los hospitales públicos de la Comunitat Valenciana y las aulas PASE (*Programa de Acogida al Sistema Educativo*).

Además de estos planes, la iniciativa que más refleja la materialización del enfoque aula es la emergencia del *Projecte LliureX*, que todavía permanece vigente en la actualidad. LliureX se dirige a equipar a las aulas de *software* gratuito, libre y en valenciano. En 2004 se inicia su pilotaje en 10 centros educativos. Y un año más tarde se crean la primera (LliureX 5.05) y segunda versión (LliureX 5.09) del sistema y se procede a su implantación masiva y prescriptiva en los centros educativos públicos valencianos. La Administración Educativa valenciana lo presenta como un sistema destinado a facilitar el trabajo del profesorado, desarrollando una potente campaña de difusión con materiales específicos. Esta iniciativa constituye un gran hito en la transformación digital del sistema educativo valenciano, no solo porque continúa siendo una de las líneas estratégicas de la Administración Educativa valenciana, que actualmente ofrece la revisión LliureX 23. Sino también porque supone la instauración plena del modelo Internet-céntrico centrado en el aula, abogando por lo que se denominó como el "aula LliureX".

Estas tendencias también son visibles en el plano internacional y europeo, siendo el "aula eTwinning" un claro exponente. La iniciativa *eTwinning* pretende conectar centros educativos de distintos países miembros de la Unión Europea con el objetivo de desarrollar un proyecto de trabajo común a través de las tecnologías digitales, concretamente, mediante una plataforma digital. En esta iniciativa el aula se concibe como un espacio de cambio y experimentación y, una vez más, se destaca el papel de las tecnologías digitales como elementos de innovación y modernización educativa. El aula eTwinning se une así a una amplia diversidad de modelos antecedentes de escuela y de aula digitales. Desde el Centro Atenea o el Infocole, al aula LliureX o el aula *eTwinning* son modelos que continuarían y continúan sucediéndose con distintas nomenclaturas, como el Aula 2.0, el Aula Inteligente o el

Aula del Futuro. Los cuales siempre comparten un mismo trasfondo común: la transformación digital de la escuela legitimada a partir de la vinculación entre la implementación de tecnologías digitales y la innovación educativa. Fenómenos que se agudizarían todavía más en el denominado como modelo 1:1, que se abordará seguidamente.

2.1.3. EL MODELO 1:1: HACIA LA TRANSFORMACIÓN DIGITAL DEL SUJETO
La irrupción del modelo 1:1 supone un giro de tuerca más en el proceso de transformación digital de la escuela. Tras la focalización en el centro y en el aula protagonizada por los modelos precedentes, esta propuesta se centra directamente en el individuo. Lo cual da inicio a la instauración en el sistema educativo del enfoque individual en el trabajo digital, presente tanto en el modelo 1:1 como en su posterior evolución: el modelo de plataformas. El enfoque individual ya no apela a la reestructuración y digitalización de los espacios, sino a la transformación del propio sujeto, tanto del alumnado como del profesorado, que ahora pasan a ser concebidos como usuarios de las tecnologías digitales.

Conviene destacar que este enfoque surge en un periodo histórico en el que la aclamada como "nueva Sociedad de la información" (Castells, 1999) empieza a mostrar sus primeras fisuras sociopolíticas, especialmente derivadas de la eclosión del terrorismo. Y también por el inicio de un periodo de crisis económica marcado por el incremento del desempleo y el aumento de los precios del petróleo, a raíz del fenómeno denominado como "shock del petróleo", que crispan el malestar en el mercado internacional y provocan el estancamiento del índice de crecimiento. Lo cual, como expone Ciganda (2008), constituye una especie de *déjà vu* de crisis anteriores, donde de nuevo se apela al desarrollo tecnológico como tabla de salvación.

Esta pretensión se aprecia claramente en la maniobra de la Unión Europea materializada en su estrategia eEurope 2005 (Unión Europea, Comisión Europea, 2002), presentada en el Consejo Europeo de Sevilla, celebrado los días 21 y 22 de junio de 2002. Dicha estrategia emula en muchos aspectos a su predecesora, la eEurope 2002, pero introduce un cambio de perspectiva, ajustando una vez más la lente de observación mediante la superación del enfoque "Internet-céntrico" (Curran, 2012), dominante durante la década de los noventa y el primer lustro del 2000, para abogar por una perspectiva centrada en el individuo. Este nuevo marco ya no se limita a la introducción de las tecnologías en las distintas esferas e instituciones de la sociedad. Sino que ahora el énfasis se desplaza a las personas, usuarias de tales tecnologías, preocupándose por su capacitación. De forma que, como indica Echeverría Ezponda (2010), a partir de este momento "la sociedad de la información para todos no sólo exigía conexión, también formación" (p. 88).

La nueva orientación supone un importante salto que legitima el enfoque vigente todavía en la actualidad en las políticas de digitalización. Un fenómeno que comporta consecuencias especialmente importantes para el ámbito educativo. Puesto que provoca una mayor intensificación del interés y de la actuación de los distintos organismos supranacionales en la gestación de las políticas educativas. De manera que, si bien su protagonismo en la agenda educativa había ido aumentando progresivamente desde la década de los setenta, en el nuevo siglo estos pasan a ejercer un rol predominante tanto en la creación de las políticas como en la gestación de los imaginarios y tendencias sobre las mismas.

El nuevo enfoque centrado en el individuo es también visible en el trasfondo de las iniciativas emprendidas por otros organismos como la ONU con su Declaración del Milenio del 2000 (Naciones Unidas, Asamblea General, 2000). Y, especialmente, en la celebración de la Cumbre Mundial de la Sociedad de la Información en dos fases: Ginebra (2003) y Túnez (2005), que se materializa en la defensa explícita de la alfabetización digital y del *e-learning*. Esta postura establece poderosas sinergias con la defendida por la Unión Europea y da lugar a iniciativas que contribuyen a la creación de los discursos que legitiman la importancia y necesidad de la tecnología educativa y, más específicamente, de la conexión y del manejo de Internet.

Es precisamente en el marco de la celebración de la primera Cumbre Mundial sobre la Sociedad de la Información, cuando Nicholas Negroponte y Seymour Papert presentan el proyecto *Un portátil por niño*, que da inicio al denominado como modelo 1:1. El cual asume el nuevo enfoque centrado en el individuo, inaugurando una nueva era en el proceso de digitalización del sistema educativo, al pasar de la dotación general a la dotación individual.

El modelo 1:1 surge a partir del proyecto *One Laptop per Child* (OLPC), que nace en el seno del MIT (Instituto de Tecnología de Massachusetts), bajo el liderazgo de Nicholas Negroponte y el respaldo de la ONU. Tras haber sido pilotado en 2002 en el estado de Maine, en 2005 se anuncia en la citada Cumbre Mundial de la Sociedad de la Información de Túnez. Y en el año 2006 se presenta su plan de implementación en el Foro Económico Mundial de Davos, iniciando posteriormente su puesta en práctica. Este proyecto, que acabaría siendo bautizado por la opinión pública como "un ordenador para los pobres" (San Martín Alonso, 2009), refleja claramente el nuevo horizonte que empieza a vislumbrarse y que acaba marcando el panorama educativo hasta la actualidad, principalmente por tres razones.

En primer lugar, porque evidencia el triunfo de la lógica de la gobernanza y muestra cómo las iniciativas locales pueden desencadenar un impacto global. Pese a que se trata de un proyecto surgido desde una iniciativa particular y privada, recibe el apoyo explícito de organismos supranacionales, claramente conectados con el sector económico. Lo que provoca que se extienda a nivel mundial hasta erigirse en una de las principales tendencias, moldeando la gestación de las políticas educativas y supeditando los procesos educativos a las cosmovisiones que rigen el panorama sociopolítico del momento.

En segundo lugar, porque ilustra la entronización de las tecnologías digitales como elementos asociados a la innovación, a la modernización y a la mejora, no solo de los modelos educativos, sino también de los modelos sociales. Fenómeno que no siempre va precedido ni acompañado por procesos de detección de necesidades, ni tampoco por análisis reales sobre la situación. Es decir, frecuentemente, el enaltecimiento de la tecnología educativa no responde a evidencias reales, sino que se nutre de la autoproducción de narrativas que sirven tanto para apoyar la introducción de las herramientas como para legitimarla y reforzarla. Esto queda patente en el caso del proyecto *One Laptop per Child* y sus homólogos, que se centran en aspectos técnicos sin considerar otras carencias más urgentes y prioritarias, y que no planifican recursos complementarios que permitan la efectividad del programa (Losada Iglesias et al., 2017).

Finalmente, este proyecto también expone el triunfo del nuevo modelo centrado en el individuo que se materializa a partir del 2005. La adopción de este enfoque tiene importantes consecuencias porque traslada la devolución de responsabilidades al propio sujeto. Con ello empieza a consolidarse un enfoque centrado en el individuo en el cual la implementación de las tecnologías establece sinergias con todo un articulado de discursos y narrativas destinadas a su triunfo y legitimación. Como son los discursos sobre la formación permanente y a lo largo de toda la vida, las competencias y el emprendimiento. Los cuales acaban convirtiéndose en ejes prioritarios de la política educativa, como queda todavía patente en la escena actual. Se trata, por tanto, de un enfoque más amplio y ambicioso. Porque ahora la atención ya no se focaliza en los recursos materiales (artefactos y conexión), sino en la movilización de los personales y en el establecimiento de sinergias.

A partir de este momento, las iniciativas basadas en el modelo 1:1 se extienden a nivel mundial, especialmente por Asia y América Latina (Warschauer, 2006). Evidencias de ello son el *Plan Ceibal* (creado en Uruguay en 2007), *Una Laptop por Niño* (iniciado en Perú el año 2007) o *Conectar Igualdad* (desarrollado en Argentina a partir del 2010) (Alfonso Cano et al., 2013). Y también quedan reflejadas en el contexto europeo, donde destaca el *Projecto Magalhaes*, desarrollado en Portugal con la implicación directa de Intel y Microsoft (Carvalho y Pessoa, 2012); y en nuestro contexto más inmediato el proyecto español *Escuela 2.0*, surgido en el año 2009; y el *Programa valenciano de Centres Educatius Intel·ligents* (Centros Educativos Inteligentes), creado en el año 2010.

El *Programa Escuela 2.0* (2009-2012), desarrollado en el marco del *Plan-E* dirigido a reactivar la economía española, traslada el modelo 1:1 al contexto español. Por lo que supone un eslabón más en el proceso iniciado por los programas anteriormente ejecutados, como el *Programa Internet en la Escuela* (2002-2006) y el *Programa Internet en el Aula* (2005-2009), como se refleja en el siguiente esquema.

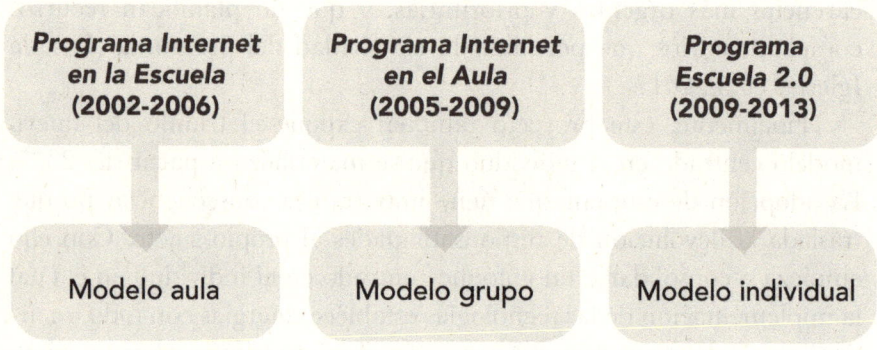

Fig. 12. *Correspondencia entre los programas de transformación digital*
de la escuela desarrollados durante la década del 2000 en España
y los modelos de digitalización

El *Programa Escuela 2.0* fue un proyecto fugaz, abandonado por cuestiones políticas, sin que se desarrollase un proceso de investigación o evaluación formal de su impacto. Lo cual constituye una tendencia en las iniciativas de digitalización de la escuela, que suelen responder a intereses ajenos a la optimización educativa (Area Moreira et al., 2014). Pese a su escaso impacto real en los centros, contribuye intensamente a la transformación del sistema educativo español porque se erige como una magnífica plataforma para la ampliación y difusión del discurso neoliberal sobre las tecnologías digitales, enfatizando la necesidad de incorporarlas a los centros educativos y convirtiéndolas en elementos de excelencia y calidad educativa. Legitimando con ello el enfoque individual.

Todos estos fenómenos son especialmente intensos en el contexto valenciano, que constituye un caso singular. Mientras las distintas Comunidades Autónomas se implican en el desarrollo del *Programa Escuela 2.0* (impulsado por el gobierno central con mayoría socialista), dos de ellas (gobernadas por el Partido Popular) se niegan a suscribirlo aludiendo a razones pretendidamente pedagógicas, pero cuya base es meramente partidista. Las dos comunidades "disidentes" son la

Comunidad de Madrid, que frente al modelo de Escuela 2.0 impulsa los Institutos de Innovación Tecnológica (Paredes Labra, 2012). Y la Comunitat Valenciana, que opta por el desarrollo del *Programa de Centros Inteligentes* (San Martín Alonso et al., 2014), ambos centrados en la dotación tecnológica intensiva de ciertos centros escolarés que forman parte de un plan experimental.

El *Programa de Centros Educativos Inteligentes* constituye el último "megaplan" desarrollado por la Administración Educativa valenciana. En su marco se crean dos iniciativas vigentes todavía. Por un lado, la figura de la Coordinación TIC de centro, ideada por la Administración Educativa valenciana como un elemento clave para la gestión de la transformación digital de los centros escolares. Esta figura encarna los postulados del "docente digital" buscado por el enfoque individual. Además, también en este momento se crean las Jornadas de Coordinación TIC, que posteriormente evolucionan en una nueva modalidad de formación desregulada.

Este programa generó gran trascendencia mediática, principalmente por surgir como oposición al programa estatal *Escuela 2.0*. Sin embargo, pese a su entronización discursiva y la polémica partidista suscitada, no logró transformar significativamente la vida en los centros, al transcurrir más bien en el plano experimental. No obstante, su impacto resulta incuestionable, si bien opera más en el plano discursivo (al igual que su homólogo estatal), consolidando en el imaginario colectivo y en el discurso pedagógico la visión innovadora de las tecnologías digitales y su necesidad de introducirlas de forma individual en la escuela.

Tras el *Programa de Centros Educativos Inteligentes*, en el contexto valenciano no se suceden alternativas propias perdurables y generalizadas. Aunque los planteamientos centrados en el enfoque individual de usuario son retomados posteriormente mediante el *Programa experimental para el fomento del uso de libros de texto en dispositivos electrónicos "tabletas digitales"*, regulado por la Orden 63/2014 (Comunitat Valenciana, Conselleria de Educación, Cultura y Deporte, 2014a). Se trata de una iniciativa vertebrada a partir de la lógica de la desregulación que no solo desplaza el foco de atención de los artefactos a las prácticas y las formas de trabajo; sino que también genera una delegación de poderes y una consecuente devolución de responsabilidades a los centros escolares y a las familias del alumnado. Con este nuevo modelo la Administración educativa valenciana ya no actúa como prestadora de servicios y artefactos. Sino que deben ser los propios centros quienes, asentados en una perspectiva conectada con el emprendimiento y con el enfoque clientelar, diseñen su modalidad de participación en el proceso, para que, finalmente, las familias asuman los gastos derivados de ello. Lo que genera nuevas formas de gestión y relación entre los agentes educativos, en base a la irrupción de nuevas dinámicas de privatización de la educación (Ball y Youdell, 2007) articuladoras de dispositivos de gobierno en la distancia de los centros educativos.

Todos estos aspectos evidencian el cambio de enfoque que empieza a materializarse. Que también se complementa con posteriores iniciativas en el plano internacional, como los Marcos de Competencia Digital Docente (bien sean a nivel europeo como nacional), que se detallarán posteriormente. Así, el enfoque centrado en el individuo va consolidándose progresivamente hasta alcanzar su punto álgido con la irrupción de las plataformas digitales en la escena educativa. Las cuales, de nuevo, agudizan el proceso de transformación digital inaugurando lo que hemos denominado como "enfoque de las plataformas digitales", que se presentará a continuación.

2.1.4. EL MODELO DE PLATAFORMAS DIGITALES: LA UBERIZACIÓN DE LA ESCUELA

El desarrollo tecnológico sigue evolucionando, y con ello lo hace también el proceso de transformación digital de la vida y de la escuela. A medida que la Web 2.0 cobra cada vez más protagonismo, se articula una nueva arquitectura digital en la que Internet deja de ser concebido como un entorno de usuario para convertirse en una plataforma de servicios y aplicaciones. Lo cual transforma por completo la configuración del espacio digital, con la aparición de los blogs, las wikis y las plataformas y aplicaciones digitales, entre ellas las redes sociales, que empiezan a surgir en el año 2003, con la creación de *LinkedIn* y *Myspace,* y proliferan a partir de este momento. Un año más tarde, en 2004, el surgimiento de *Facebook* augura el inicio de una nueva forma de vida, ilustrando el triunfo de la tecnocolonización del mundo y de la plataformización de la propia vida a nivel global. Vaticinio que acabaría demostrándose en los próximos años, cuando se crean *Youtube* (2005), *Twitter*, actualmente X (2006), *WhatsApp* (2009), *Instagram* y *Pinterest* (2010), y *TikTok* (2016).

La aparición de estos nuevos espacios no solo transforma lo digital, sino que provoca mutaciones sustantivas en las pautas de vida humana. Las plataformas y aplicaciones digitales se convierten en elementos de uso cotidiano en las distintas esferas públicas y privadas de nuestra sociedad. Lo que transforma nuestras rutinas y hábitos, pero también la propia concepción del tiempo de vida. El cual ahora ya no es necesariamente un tiempo de convivencia real con (y junto a) los demás. Sino un tiempo de conexión virtual como forma de nueva convivencia, como nueva forma de ser y existir en la sociedad digital en la que lo real incorpora lo virtual (Molinuevo, 2006).

Esta eclosión digital se va acentuando de forma acelerada e imparable dando lugar a lo que Schwab (2016) denomina cuarta revolución industrial o revolución 4.0, caracterizada por la irrupción y progresiva generalización de las nuevas tecnologías emergentes. Entre ellas destaca la robótica, la impresión 3D, la biotecnología, la computación cuántica, la Inteligencia Artificial (IA) o el Internet de las Cosas (*Internet of Things* o IoT), entre otras. Tecnologías que, como expone Ashton (2009), tienen un potencial de transformación equivalente, e incluso superior, a la revolución digital propiciada por Internet.

La rápida naturalización de estas novedades intensifica y sofistica todavía más el enfoque individual de usuario que ya operaba en la etapa anteriormente analizada, afectando también a la configuración de las políticas educativas. Ahora, las plataformas digitales trascienden los usos puntuales de las tecnologías para abogar por la tecnocolonización total del trabajo y la vida en la escuela.

En el contexto español, empiezan a surgir las primeras plataformas específicamente educativas de carácter institucional: el repositorio de recursos didácticos digitales ofrecido por el CNICE y la plataforma digital para el alumnado del CIDEAD, que también recoge Aula Mentor (INTEF, 2017b). Con la reconversión del CNICE hacia el ISRRP y posteriormente al ITE, surge la plataforma Agrega y Red.es, creadas y financiadas por el Ministerio de Industria (organismo impulsor del Observatorio Nacional de NTI en educación), que introduce en España una nueva tendencia mundial: la era del trabajo en plataformas digitales en la escuela.

Junto al impulso estatal a la plataformización de la escuela, algunas comunidades autónomas empiezan también a crear sus propias plataformas digitales educativas. Entre ellas destaca la Comunitat Valenciana que en 2008 desarrolla la plataforma digital ITACA, destinada al gobierno y la gestión de los centros escolares, y en 2010 la plataforma *Mestre a Casa*, de funcionalidad didáctica. Elementos que suponen el inicio formal del proceso de plataformización institucional del sistema educativo valenciano.

A partir de este momento se produce una auténtica irrupción y pro-liferación de plataformas digitales educativas, tanto institucionales (bien sea estatales o autonómicas) como ofrecidas por el sector privado que inundan la escuela y penetran en sus distintas dimensiones.

Conviene destacar que en el contexto valenciano el arranque de la "uberización" del sistema educativo antecede al surgimiento de los últi-mos planes anteriormente citados, como el *Programa de Centros Educativos Inteligentes* o el *Programa experimental de tabletas digitales*. En este sentido, la irrupción del modelo 1:1 y del modelo de plataformas no deben enten-derse como etapas estáticas ni propiamente cronológicas. Ya que, pese a que en términos generales responden a una evolución histórica, no transcurren de forma lineal. Sino que operan mediante la introducción de tendencias que suman sinergias para instaurar efectivamente el enfo-que centrado en el individuo.

A su vez, tampoco la uberización transcurre linealmente. Acotando la mirada al contexto institucional valenciano, se pueden detectar dos fases u olas. La primera se corresponde con el surgimiento de las plataformas que durante años han venido rigiendo la escena educativa valenciana a nivel oficial: ITACA y *Mestre a Casa*. Además, en este periodo también se crean las cuentas de correo electrónico GVA, cubriendo todas las dimensiones del trabajo pedagógico: la del gobierno y la gestión, la del proceso de enseñanza-aprendizaje y la relacional. Tras una década, emerge una nueva ola de plataformización que coincide con el proceso de renovación desarrollado por el nuevo gobierno del Botànic, tras 20 años de hegemonía del Partido Popular en la Generalitat Valenciana (1995-2015). La primera novedad es la creación de los repositorios REICO y GESTOR en el año 2018. Tras lo cual se da paso a la renovación de la plataforma *Mestre a Casa*, que se materializa en el surgimiento en 2019 de dos nuevas plataformas de funcionalidad didáctica: Portal.EDU y Aules. Esta segunda fase ha cobrado especial visibilidad a raíz de la pandemia de COVID-19, que ha actuado como un revulsivo.

El "impulso pandémico" acelera la implementación de las nuevas plataformas didácticas, pero también se materializa en la implementación del Plan Mulan con la creación del repositorio ReDi y la evolución de la sección Web Familia de ITACA a aplicación (WF2). Este proceso de optimización de ITACA continúa evolucionando hasta el surgimiento de la nueva versión ITACA3, en 2021. Cuando también se presenta la plataforma GVASAI que centraliza las aplicaciones anteriores de InventariTIC y gestión de incidencias OTRS(SAI). La principal implicación derivada del *Pla Mulan* es la suscripción de un acuerdo en diciembre de 2020 entre la Administración Educativa valenciana con la multinacional Microsoft, para la prestación de herramientas de comunicación (sustituyendo el correo GVA por cuentas de Outlook) y de trabajo colaborativo (como herramientas de almacenamiento, de videoconferencias, etc.). Este acuerdo dinamita la estrategia clásica de apuesta por el *software* libre y la creación propia mantenida por la Administración Educativa valenciana durante prácticamente tres décadas. Para inaugurar una nueva reorientación de la estrategia institucional que ahora avanza hacia la privatización.

La pandemia de COVID-19 ha acentuado todavía más los procesos de trasformación digital y de uberización de los sistemas educativos. Ya que, como fenómeno global, no ha comportado solamente una emergencia sanitaria, sino que también ha provocado importantes transformaciones en la esfera económica, política, social, y también en la educativa. Las restricciones de movilidad y la situación de confinamiento han provocado que la uberización de la escena educativa se acelerase notablemente. Lo cual se ha traducido en la proliferación de nuevas plataformas digitales, así como en la evolución y aumento de la incidencia de uso de las que ya existían previamente. Y también en el surgimiento de distintas iniciativas y programas destinados a impulsar y acelerar todavía más la transformación digital, ante la imposibilidad de desarrollar las clases en modalidad presencial.

Pero conviene aclarar que estos procesos y fenómenos no surgen a raíz de la pandemia. Sino que, como ha quedado patente en este capítulo, responden a una interesante evolución gestada y desarrollada durante décadas, y coincidente con la irrupción de los planteamientos neoliberales en la esfera educativa. Este proceso no solo se ha tejido a partir de la penetración en la escuela de nuevos artefactos, como son las plataformas digitales. Sino también de iniciativas que operan en el plano de lo simbólico y discursivo, apelando a la transformación del profesorado, como el enfoque de las competencias. Como venimos señalando, las políticas del momento se vertebran en torno a un enfoque individual, centrado en el sujeto. En cuya base se encuentra latente el capitalismo cognitivo (Vercellone, 2006), que reivindica un sujeto autorregulado, responsable de elaborar y gestionar su desarrollo vital, y también su propio proceso formativo. En este marco, el enfoque competencial cobra cada vez mayor protagonismo y legitimidad en la escena mundial. Lo que se evidencia con la creación del Marco Europeo para la competencia digital de los ciudadanos. Cuya versión definitiva, el DigComp 2.1., se publica en 2017 (Carretero Gómez et al., 2017), y en la cual se establecen las cinco dimensiones reflejadas en la figura siguiente.

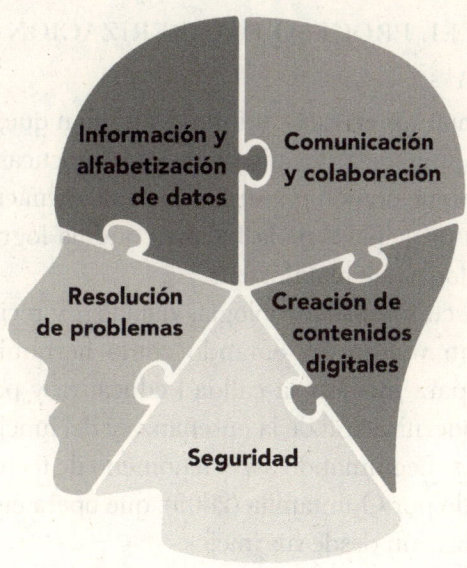

Fig. 13. *Competencias del Marco Europeo de Competencia Digital Ciudadana*

Nota. Elaboración propia a partir de Carretero Gómez et al. (2017)

La aparición del Marco de Competencia Digital ciudadana legitima plenamente el cambio de paradigma hacia el enfoque centrado en la competitividad entre individuos. Lo que también se refleja en la escena educativa mediante la adaptación de sus postulados y la consecuente creación en 2015 del Marco Europeo para Organizaciones Educativas Digitalmente Competentes o DigCompOrg (Kampylis et al., 2015); y en 2017 del DigCompEdu, el Marco Europeo de Competencia Digital Docente (Redecker y Punie, 2017). Iniciativas que en el contexto español se traducen en la propuesta del Marco Común de Competencia Digital Docente desarrollada por el INTEF (INTEF, 2017a), que actuará como elemento clave para la transformación digital no solo del trabajo en la escuela, sino también del propio profesorado, consolidando el modelo de plataformas y con ello la nueva escuela uberizada.

2.2. Pasos en el proceso de uberización de la escuela

Los fenómenos expuestos en este capítulo evidencian que, en el proceso de uberización de la escuela, los discursos y las prácticas (tanto las relacionadas con la dotación como las relativas a la formación) han constituido los dos ejes principales de la balanza que ha logrado instalar y legitimar la nueva lógica de plataformas.

En el plano discursivo las tecnologías digitales, y recientemente las plataformas, se han venido presentando como herramientas con un elevado potencial para mejorar la calidad educativa y para facilitar la innovación y la modernización de la enseñanza y del funcionamiento de los centros escolares. Legitimando así el fenómeno de tecnocolonización de la escuela aludido por Quintanilla (2005), que opera en la base de las políticas de digitalización desde sus inicios.

En el plano práctico, las políticas de dotación se han combinado progresivamente con las de formación del profesorado. Y, en última instancia, con los discursos e iniciativas relacionados con la Competencia Digital Docente. Todos ellos destinados a moldear y transformar el rol y el trabajo del profesorado, que también se uberizan abrazando tanto las plataformas digitales como su lógica.

En este sentido, y tal y como defienden San Martín Alonso y Peirats Chacón (2014), las sinergias entre las políticas discursivas y las prácticas han propiciado una reinterpretación profunda de la institución escolar y del propio trabajo docente, en virtud de los modelos emergentes de comprender y utilizar las tecnologías digitales. Fruto de lo cual, el pensamiento pedagógico hegemónico en la actualidad ya no se ciñe meramente a cuestiones o aspectos de índole educativa, sino que deriva de la simbiosis (cuando no de la fagocitosis) entre estos y los valores tecnológicos que rigen el modelo social (Loveless y Williamson, 2017).

Partiendo de esta premisa, la uberización de la escuela trasciende ampliamente la mera implementación de las plataformas digitales como herramientas de trabajo en los centros escolares. Supone una auténtica metamorfosis del modelo de escuela, de su organización y funcionamiento cotidiano, y de las tareas desarrolladas por sus agentes que ahora quedan moldeadas y reconceptualizadas según la lógica del capitalismo de plataformas.

La uberización no puede entenderse como algo estanco. Sino como un fenómeno en curso y en constante evolución y (re)construcción a partir de la articulación de discursos y políticas que han ido sumando sinergias con el transcurso de los años. Y que han acelerado y materializado la instauración de un nuevo modelo de organización escolar, mediante la articulación de dispositivos ubicuos de gobierno en la distancia y la instalación de racionalidades de autogobierno. Este fenómeno apunta a la capacidad de las plataformas digitales para erigirse en tecnologías de gubernamentalidad, que moldean las visiones, los pensamientos y las acciones de los agentes escolares. De ello se deriva una reconceptualización profunda de la organización escolar fundamentada en la emergencia de un nuevo modelo organizativo que podemos denominar como "escuela uberizada". *Llegados a este punto, les aconsejamos que actualicen sus firewalls... y se preparen para sumergirse en la escuela uberizada.*

III

La escuela uberizada: nuevo paradigma de organización escolar

3.1. La uberización de la escuela: la transformación holística de la organización escolar

> Matrix es un sistema, Neo. Ese sistema es nuestro enemigo. Pero cuando entras, ¿qué ves a tu alrededor? Hombres de negocios, profesores, abogados, carpinteros... Son las mentes de los mismos que intentamos salvar.
>
> Morfeo. *Matrix* (Wachowski & Wachowski, 1999).

En la primera entrega de la famosa saga de las hermanas Wachowski, Morfeo trata de explicar a Neo qué es la Matrix, planteándola como un sistema que lo abarca todo, que actúa como eje vertebrador de la sociedad y de la vida de las personas. Hasta el punto de que la Matrix no supone el telón de fondo de sus vidas, sino que las posee, las gobierna. Las propias vidas son por, para y a través de la Matrix. Por lo que el leitmotiv de la película, y el papel del protagonista en su transcurso, se dirigen a un mismo esfuerzo: conceptualizar qué es la Matrix y tratar de hallar respuestas sobre el impacto e influjo que ejerce en la vida y existencia de Neo.

Al igual que la Matrix, la uberización también constituye un sistema, resultante del triunfo del capitalismo de plataformas. Y, como todo sistema, establece un entramado de relaciones y estructuras, de las cuales se derivan implicaciones concretas. Asumiendo estos aspectos, y emulando la preocupación de Neo, nos preguntamos: ¿qué es la uberización y qué transformaciones desencadena sobre la organización escolar? En definitiva, ¿a qué nos referimos cuando aludimos al concepto de "escuela uberizada"?

Tal y como ha quedado patente en los capítulos anteriores, la escuela actual ha sido plenamente colonizada por las plataformas digitales, tanto las específicamente educativas como las de carácter global. Emerge un modelo de escuela en la que el profesorado ejecuta una gran variedad de tareas en plataformas digitales, conectadas a la red y mediante dispositivos digitales. Una escuela en la que día a día no solo aumenta el equipamiento tecnológico, sino que la digitalización se extiende para conquistar nuevas esferas, como el entramado organizativo de los centros escolares, su gestión y gobierno, el proceso de enseñanza-aprendizaje o la esfera relacional. Este proceso lleva gestándose desde los años setenta del pasado siglo, habiéndose intensificado significativamente en las últimas décadas, cuando la escuela de las plataformas ha pasado de ser un proyecto abstracto del imaginario educativo para convertirse cada vez más en una realidad, desbocada y legitimada por la irrupción de la pandemia de COVID-19.

Sin embargo, limitar la "uberización" a la mera implementación de plataformas digitales en la escuela o a las tareas que se desarrollan específicamente en dichos artefactos supondría un reduccionismo. Esta constituye un fenómeno mucho más complejo y global que comporta asociada la promoción e instalación de una nueva lógica organizativa, radicalmente distinta a la tradicional, y basada en principios como la desregulación, la gobernanza y la capitalización neoliberal del sistema educativo, de la escuela y del trabajo del profesorado (Decuypere et al., 2021). La uberización redunda en una reconceptualización holística de las distintas dimensiones que componen la organización escolar y el trabajo de todos sus miembros. Propicia la transformación de los recursos, las prácticas, los significados, las cosmovisiones y los principios axiológicos que guían el trabajo en la escuela (Van Dijck et al., 2018). Y, ligado a ello, también provoca la adopción de nuevas formas de gobierno, basadas en la gobernanza, la desregulación y la Nueva Gestión Pública.

Estas nuevas racionalidades transforman significativamente la escena educativa convirtiéndola en un mercado. Tanto por lo que respecta a las formas de "producción" y "consumo" de la educación, como a la creciente entrada de agencias y actores pertenecientes al sector privado, especialmente al ligado al desarrollo tecnológico, que cada vez ejercen un papel más protagonista en la gestación de las políticas educativas. Este fenómeno es conceptualizado por Williamson (2017b) como "siliconización de la educación" o "educación Silicon Valley" en referencia precisamente a la hegemonía que las corporaciones del sector tecnológico ejercen en la esfera educativa actual. Planteamiento que también comparten Roberts-Mahoney et al. (2016), cuando aluden a la corporativización y netflixación de la esfera educativa. Conceptos que, como el de uberización, remiten a la redefinición profunda y holística del escenario educativo, que ahora abraza los intereses del sector privado.

La implementación de las plataformas digitales en la escuela supone una revolución total. Porque posibilita que la política educativa, y lo que en el aula sucede, sea moldeado por las agencias y corporaciones privadas. Quienes ofrecen e introducen sus productos, lucrándose por ello (Komljenovic, 2021), al tiempo que también prescriben veladamente formas de hacer y de estar en la escuela, directamente conectadas con sus valores e ideología. Provocando que la escuela se inserte plenamente en la órbita del capitalismo de plataformas. Pero la escuela no solo está inmersa en el capitalismo de plataformas. Sino que también se convierte en agencia reproductora y legitimadora de su lógica. Es decir, no es solo una organización uberizada, sino que también contribuye a la uberización. Porque, como agencia productora de subjetividades, supone el eslabón perfecto para facilitar y naturalizar el avance de la revolución tecnoceonómica del capitalismo de plataformas.

De este hecho se deriva que el imperio tecnológico dirija la mirada hacia la escuela y a lo que en ella acontece. El interés que la esfera educativa ha suscitado en el imperio GAFAM, y en el sector del desarrollo tecnológico en general, no es arbitrario ni baladí. Sino todo lo contrario. En la base del capitalismo de plataformas opera el capitalismo cognitivo, por lo que es en la conquista del sujeto (y de la subjetividad) donde reside el éxito para la consolidación y legitimación de la nueva lógica. Por ello, la irrupción del imperio GAFAM en la escuela no solo supone una inversión en capital humano en base al moldeamiento de los patrones mentales y conductuales de sus agentes, asegurando la hegemonía tecnológica (Means, 2018). Sino que también asegura su dominio epistemológico (al prescribir veladamente modos de hacer), cultural y social, imponiéndose como forma organizativa de vida modélica. Un fenómeno que Fiormonte y Sordi (2019) califican de mecanismo de geopolítica del conocimiento digital, a través del cual el sector tecnológico logra convertirse en una "nueva Paideia global".

Todos estos aspectos evidencian la complejidad y profundidad de la uberización, que supone una auténtica reconceptualización del sistema educativo y de su lógica organizativa. Ahora supeditadas a los designios del imperio de Silicon Valley, convertido en moldeador velado y ubicuo de las políticas educativas (OUTSELL, 2017). La uberización entraña la sofisticación y consolidación de los fenómenos de desregulación, mercantilización y privatización que vienen rigiendo la escena educativa en las últimas décadas. En base a la exportación tanto de sus herramientas y métodos, como de sus valores y principios, que amoldan el funcionamiento de la escuela a las racionalidades e intereses del sector tecnoeconómico (Komljenovic, 2021). Por tanto, la uberización atenta contra el carácter público de la educación en un doble sentido: en la concepción de la educación como bien público, y en la gestión pública de los sistemas educativos. En definitiva, la uberización desencadena una mutación profunda y radical de la organización escolar. Fenómeno en el que, siguiendo a Hillman et al. (2020), pueden detectarse tres escenarios distintos, plasmados en la figura siguiente.

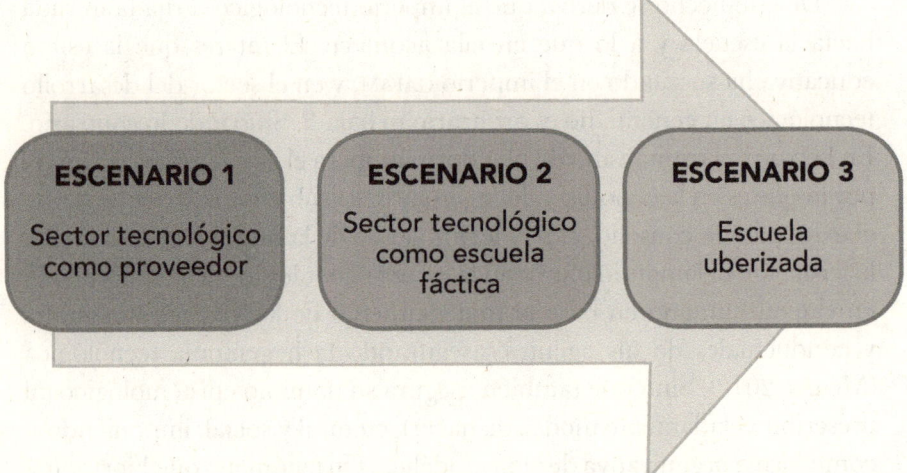

Fig. 14. *Escenarios de uberización de la escuela esbozados por Hillman et al. (2020)*

Nos detendremos ahora en describir brevemente cada uno de estos tres escenarios, que se corresponden con tres niveles de asimilación de la lógica de plataformas.

3.1.1. El sector tecnológico como proveedor de productos y servicios educativos

El primer escenario planteado constituye una radiografía de los últimos años, especialmente de los previos a la pandemia de covid-19. Etapa en la cual el sector tecnológico ha venido actuando como proveedor de plataformas digitales para la escuela. Esta provisión no se ha limitado a ofrecer el producto digital a la escuela, es decir, la plataforma. Sino que esta ha sido presentada y desarrollada como un servicio. En torno a ella han gravitado otros satélites propios de la órbita del nuevo modelo como los tutoriales, los indicios de calidad, las buenas prácticas, la capacitación docente, etc.

Las primeras plataformas digitales que logran penetrar en la escuela son las de gestión, que prescriben y moldean veladamente el funcionamiento de la escuela. Lo que evidencia el calado de la uberización como transformación de la lógica de gobierno. Posteriormente, se conquista también la esfera del proceso de enseñanza-aprendizaje mediante la introducción de plataformas digitales de funcionalidad "didáctica", que transforman los modos de circulación y creación del conocimiento.

A través de estas acciones el sector tecnológico no solo cimienta y construye la arquitectura digital de la escuela, sino también la simbólica y axiológica. Dado que provoca la redefinición de los significados y del universo simbólico que se maneja en la esfera educativa y también de los principios axiológicos que guían y vertebran el trabajo pedagógico. Por lo cual las plataformas digitales logran incluso imponer y convertirse en el propio currículum escolar, por el cambio en el sistema de legitimidades. Lo que deriva en el segundo de los escenarios de uberización planteados, que se describirá seguidamente.

3.1.2. Las plataformas digitales como "escuela" fáctica de la nueva sociedad uberizada

Los fenómenos anteriormente apuntados conceden cada vez mayor legitimidad y poder a las plataformas digitales, que pasan a ser concebidas como elementos óptimos para modernizar el trabajo en la escuela y como estandartes de innovación educativa. De esta forma, acaban por convertirse en una especie de escuela fáctica, presentada como más eficaz y eficiente que el propio profesorado. Lo cual, a su vez, sirve para consolidar el poder y la hegemonía ejercida por el sector del desarrollo tecnológico, cuya presencia ya resulta incuestionable en la escena educativa. Un claro ejemplo de este escenario es el modelo de plataforma Summit de Facebook citado en el capítulo primero, así como todas las plataformas digitales vinculadas a la personalización de los aprendizajes y a la gestión y creación de contenidos.

Este escenario alcanzó su punto álgido con la irrupción de la pandemia de COVID-19, cuando la docencia de todos los niveles y etapas educativas mutó de la modalidad presencial a la virtual, desarrollándose plenamente a través de plataformas digitales. En esta etapa las plataformas digitales no solo operaron como escuela fáctica, sino que se erigieron en el único modelo escolar posible. No obstante, este escenario ya operaba con anterioridad a la pandemia, dado que emerge del propio modelo socioeconómico imperante que es, eminentemente, un modelo tecnológico (Fandós Garrido, 2009).

En el transcurso del tiempo han emergido algunos fenómenos que han tratado de fisurar la hegemonía de este nuevo orden. Como la irrupción de los numerosos escándalos respecto a la gestión y la ética sobre el uso de los datos, que ofrecen nuevas miradas sobre el impacto digital y sobre la relación de las plataformas digitales con el control y el poder. Ejemplos destacados de ello son WikiLeaks, y los casos de Assange y Snowden, o los *Panama Papers*, que destaparon una auténtica caja de Pandora (Welsch, 2014). Pese a ello, el imperio de Silicon Valley sigue gozando de credibilidad y legitimidad crecientes, ante una sociedad que, al igual que los habitantes de Matrix a los que hacíamos referencia al inicio de este capítulo; se muestra plenamente fascinada por el potencial onírico de las tecnologías, que se adueñan de los individuos hasta hacerles perder la consciencia (Cancela, 2019), prefiriendo la monitorización de sus vidas y de sus datos a vivir sin tecnologías digitales. Por lo que cada vez se concede mayor centralidad y poder a los gigantes del desarrollo tecnológico, concebidos como los gurús de los nuevos tiempos, y erigidos en los ojos del poder del nuevo panóptico digital (Castells, 2017).

En este escenario social uberizado, la práctica pedagógica, como producción y reproducción cultural, también asume estos principios axiológicos y la escuela se uberiza, elevando a las plataformas al estatus de fetiches, de nuevos ídolos, que logran convertir la tecnología en ideología, al presentar como verdades absolutas lo que no es más que el fruto de ejercicios de performatividad, de ilusiones legitimadas por la fuerza del discurso. Es aquí cuando la escuela fáctica "en plataforma" da paso al último de los escenarios planteados: la escuela como productora de prácticas y relatos legitimadores de la uberización, tal y como se expondrá a continuación.

3.1.3. La escuela como agencia reproductora y legitimadora de la uberización

El tercer escenario de uberización de la escuela al que nos referiremos alude a la colonización total de la sociedad y de la vida por parte de las plataformas digitales propiciada desde la propia esfera educativa, mediante la domesticación y modelización de las subjetividades.

En este escenario, la escuela actúa como agencia que reproduce y legitima la uberización al proporcionar una educación cosificada, meramente dirigida a capacitar a la fuerza laboral y a legitimar y asegurar la hegemonía del capitalismo de plataformas. Lo cual materializa los postulados de Sadin (2018) respecto a que la "economía del conocimiento" va derivando progresivamente en una "economía de los comportamientos", tan velada como poderosa y eficaz, ejercida a través de las plataformas digitales que actúan como tecnologías de biopolítica que monitorizan al individuo (Martínez Pineda et al., 2015).

Esta monitorización se desarrolla de forma directa, con plataformas de rastreo de dispositivos como Fitbit o Apple Watch, entre otros. Lo que en la escena educativa pasa por la reivindicación del teletrabajo, o incluso del uso de la geolocalización como recurso didáctico. Pero también en un sentido más amplio, en tanto tecnologías articuladoras de dispositivos de disciplinarización de las subjetividades que, a través de la falacia de la autonomía, la entronización de la ideología del *self-emprendedor* (Bröckling, 2015), y la instauración de ejercicios de gubernamentalidad y biopolítica (Foucault, 2009), moldean la conducta y el pensamiento del individuo.

En este escenario (y en su sentido más incisivo y radical) la uberización no solo implica el cambio del modelo social o del modelo de escuela. Sino la metamorfosis del propio individuo, tanto de sus comportamientos, como de sus esquemas mentales, de la propia esencia humana, del "ser persona" en la actualidad (Harari, 2016). Proceso en el cual la escuela, como productora de subjetividades, ejerce un papel protagonista, porque contribuye significativamente a forjar y moldear al nuevo *ethos* deseable en la sociedad actual, transitando desde el ciudadano considerado como sujeto de derechos hasta el emprendedor convertido en un "buscavidas" que trata de sobrevivir en un escenario marcado por la incertidumbre y la vulnerabilidad.

Este viraje del "forjado" de la identidad ya fue apuntado hace décadas por Sartori (1998), quien anunciaba la transición desde el *homo sapiens* al *homo videns.* Posteriormente, se produjo una nueva mutación hacia lo que Molinuevo (2006) calificó como *homo navigator*, exponente del enfoque Internet-céntrico detallado en el capítulo segundo, y "especialista en no asumir sus responsabilidades y echar la culpa de todo a la máquina que creó" (p. 85). Brökling (2015) enuncia el surgimiento del *self-emprendedor*, un sujeto entregado al emprendimiento, que se encuentra siempre en reinvención y construcción continua, supeditado a la tiranía del constante cambio. Una subjetividad que encarna el *ethos* deseable en el capitalismo de plataformas y cuyas características también comparte el *Knowmad* aclamado por Roca (2018) hijo del capitalismo cognitivo que opera en la base del capitalismo de plataformas, un individuo nómada del conocimiento entregado a la flexibilidad como premisa de empleabilidad.

Todas estas subjetividades se han forjado a partir del entramado de sinergias entre discursos y prácticas al que apuntábamos en el capítulo anterior. En los cuales las narrativas sobre la importancia y la necesidad de implementar las tecnologías (y las plataformas) en la escuela han sumado fuerzas con el enfoque competencial, la reivindicación del emprendimiento y sus derivados (como el *Do It Yourself* y el enfoque *maker*), o la irrupción de las metodologías activas, entre otros ejemplos. Todos ellos dispositivos responsables de la entronización de un nuevo paradigma educativo, que apela a mantras como la eficiencia, la eficacia o la calidad, evidenciando su impronta neoliberal.

En definitiva, entender el carácter de la escuela como agencia reproductora y legitimadora de la uberización supone asumir que la institución escolar está desempeñando un papel clave en la emergencia de nuevas subjetividades flexibles y desreguladas, líquidas. En la (de)formación de un sujeto "siempre en curso" (Jódar y Gómez, 2007, p. 393), abocado a la reinvención continua, a la adaptación permanente a los cambios, a adoptar un rol totalmente flexible que le permita mutar de piel y cambiar de traje cuando la plataforma se lo "indique" o, en otras palabras, según las fluctuaciones del mercado y los intereses de la *Gig Economy*. Subjetividades que conectan con el cognitariado planteado por Berardi (2007), también reformulado como "cybertariado" (Huws, 2003), "infoproletariado" (Antunes y Braga, 2009) o "bio-proletariado" (Fleming, 2013). Una vez más, nomenclaturas diversas para aludir a una realidad común: una subjetividad precaria que constituye una nueva forma de (auto)explotación y servidumbre del ser humano en el capitalismo de plataformas.

3.2. LA ORGANIZACIÓN ESCOLAR EN LA SOCIEDAD UBER

En este capítulo se ha puesto de manifiesto que la uberización marca el rumbo hacia una nueva era en la cual el rebaño desconcertado calificado por autores como Lippmann (1965) o Chomsky (2001) ha sido sustituido por el enjambre digital (Han, 2014). Cuyos "habitantes", seducidos por las mieles de la hipercomunicación digital, no logran visibilizar "la colmena" que los aísla e individualiza. Ni tampoco "la abeja reina" que con su control transforma todo espacio en lugar (o no-lugar, parafraseando a Augé, 2000) uberizado, precarizando sus condiciones de vida y esclavizando sus voluntades.

Este fenómeno impregna todas las esferas y organizaciones sociales, entre ellas la escuela. La cual ha abrazado a las plataformas digitales como artefactos de trabajo cotidiano, transformando también las prácticas y los discursos que en la institución escolar se manejan, hasta tal punto de provocar la emergencia de una escuela con "un perfil organizativo cualitativamente distinto al que ha tenido hasta el presente" (San Martín Alonso, 2009, p. 17) y que hemos conceptualizado como "escuela uberizada".

En ella el sector tecnológico actúa como prestador de servicios, pero también logra erigirse como "escuela fáctica". Ya que el fetichismo tecnológico imperante, basado en la promoción de la tecnología por la tecnología (Morozov, 2011, p. 386), provoca la progresiva supeditación de las políticas educativas a la lógica del capitalismo de plataformas, legitimándola y consolidándola. Fenómeno que no solo es auspiciado por el monopolio tecnológico, sino incluso por los organismos oficiales y las Administraciones Educativas. Tal y como evidencia la firma de convenios entre entidades educativas públicas (entre ellas las administraciones autonómicas) y gigantes del Imperio GAFAM. Es así como las plataformas van imprimiendo en la escena educativa su propia ideología, que pasa por la exportación de las prácticas, valores y métodos del capitalismo actual (Filgueiras y Antunes, 2020).

Una de las consecuencias de todo ello es la emergencia de un modelo de escuela uberizada y uberizante, productora de subjetividades que no logran reconocerse ni identificarse como reproductoras y legitimadoras del capitalismo de plataformas, imponiendo la servidumbre voluntaria al algoritmo (Durand, 2004). Emerge así lo que Auvergnon (2016) califica de "angustias de la *uberización*". Las cuales, sin embargo, quedan camufladas por la fascinación digital, que sustituye la regulación y el control explícito, del "vigilar y castigar" (Foucault, 1998) característico del capitalismo industrial, por un nuevo sistema *soft*. Precisamente por ello, la escuela constituye una pieza clave del engranaje del nuevo modelo del capitalismo de plataformas, al socializar y (de)formar en la lógica imperante, actuando como agencia articuladora y maximizadora de la transformación.

La información expuesta en este capítulo pretende destacar que la escuela uberizada supone una nueva configuración de la organización escolar, "tecnológicamente modificada" (San Martín Alonso, 2009, p. 217), que responde y opera en base a una lógica totalmente distinta a la que ha venido regulando la escuela en los últimos siglos y décadas.

Volviendo a la película de las hermanas Wachowski que servía como metáfora para este capítulo, al igual que sucedía con Matrix, a nadie se le puede explicar qué es la escuela uberizada. Para comprender el calado de este fenómeno resulta necesario analizar y reflexionar sobre las "actualizaciones" y trasformaciones específicas que desencadena, tanto sobre su entramado organizativo, como sobre su lógica de gobierno. *Les pedimos que no apaguen ni desconecten el equipo todavía, porque tendrán que verlo (y leerlo) por ustedes mismos en la siguiente parte del libro.*

SE ESTÁN INSTALANDO
LAS ACTUALIZACIONES

NO APAGUE NI DESCONECTE
EL EQUIPO

IV

La uberización del entramado organizativo de la escuela

4.1. El entramado organizativo de la escuela

> Todos los animales son iguales,
> pero unos son más iguales que otros.
>
> *Rebelión en la Granja* (Orwell, 2014, p. 117).

En las últimas páginas de la mítica *Rebelión en la Granja*, Orwell (2014) resume el proceso de transformación del modelo organizativo acontecido en la granja exponiendo que "todos los animales son iguales, pero unos son más iguales que otros" (p. 117). Este mandamiento plantea una lógica de gobierno concreta, pero también desvela la existencia de un entramado organizativo particular. Es decir, de una estructura social que no solo alude a la división y distribución de roles y tareas, sino que implica una regulación de los comportamientos y la instauración de formas específicas de relación entre los miembros de la organización.

Este ejemplo ilustra que toda lógica organizativa establece su entramado de relaciones y roles, es decir, su estructura específica, así como unos valores y pautas de interacción entre sus miembros, conformando con ello su cultura. Al hilo de ello, en los capítulos precedentes se ha puesto de manifiesto que la implementación de las plataformas digitales en la escuela trasciende la mera renovación de los recursos y de las herramientas de trabajo para instaurar una lógica organizativa concreta, que hemos enunciado como uberización, y que supone la remodelación de la organización escolar en base al capitalismo de plataformas.

Si la uberización instaura una lógica distinta, resulta lógico suponer que tanto la estructura como la cultura escolar también reflejarán esta transformación, uberizándose. Ahora bien, en ¿qué consiste y qué comporta este proceso? Tradicionalmente, la escuela ha estado regida por una lógica organizativa que respondía a un enfoque funcionalista, sustentado en la racionalidad técnica, el cual incidía en su robustez, su solidez y su estructura piramidal. Se trataba, por tanto, de un modelo basado en una estructura jerárquica y formal, claramente explicitada, enmarcado en lo que se denomina como teorías clásicas de la organización escolar, que se corresponden con los modelos fordistas o burocráticos, basados en la división lineal y acumulativa del trabajo.

Sin embargo, el trabajo con plataformas digitales no se ajusta a estos patrones, sino que se caracteriza por la adopción de formatos más ligeros y livianos, más "débiles" y "líquidos", siguiendo los postulados de Touraine (1993) y Bauman (2003). Se puede afirmar, por tanto, que la uberización del entramado organizativo de la escuela supone una ruptura con las formas de organización clásicas que han venido regulando tradicionalmente el trabajo en los centros escolares; reconvirtiéndolas hacia una nueva lógica que adopta los valores propios de las plataformas, como son la desregulación, la flexibilidad, la horizontalidad y la ubicuidad.

Estos cambios afectan tanto a las disposiciones de los centros escolares, como a su estructura y a los modos y pautas de funcionamiento e interacción que se producen entre los miembros que componen la organización, alterando también su cultura, es decir, los valores asumidos y compartidos por los agentes de la escuela. Por ello, en este capítulo profundizaremos en cada una de estas dimensiones, ahondando en los cambios desencadenados por la uberización sobre la estructura y la cultura escolar.

4.1.1. ESTRUCTURAS Y MODELOS DE LA ESCUELA UBERIZADA

La estructura escolar es uno de los elementos que más claramente refleja el impacto de la uberización. Si se analizan los organigramas recogidos en las páginas web de los centros escolares, o se lee detenidamente la sección destinada a los denominados como "órganos de gobierno y de coordinación docente" del Reglamento de Organización y Funcionamiento (ROF) de los centros escolares, se aprecia que, progresivamente, la estructura organizativa ha abandonado el modelo jerarquizado y vertical para transitar hacia formatos más fragmentados y horizontales, que responden a la desregulación característica del capitalismo de plataformas. Así, en términos generales y con matices propios de cada contexto, puede apreciarse la instauración de una estructura organizativa similar a la reflejada en la figura siguiente.

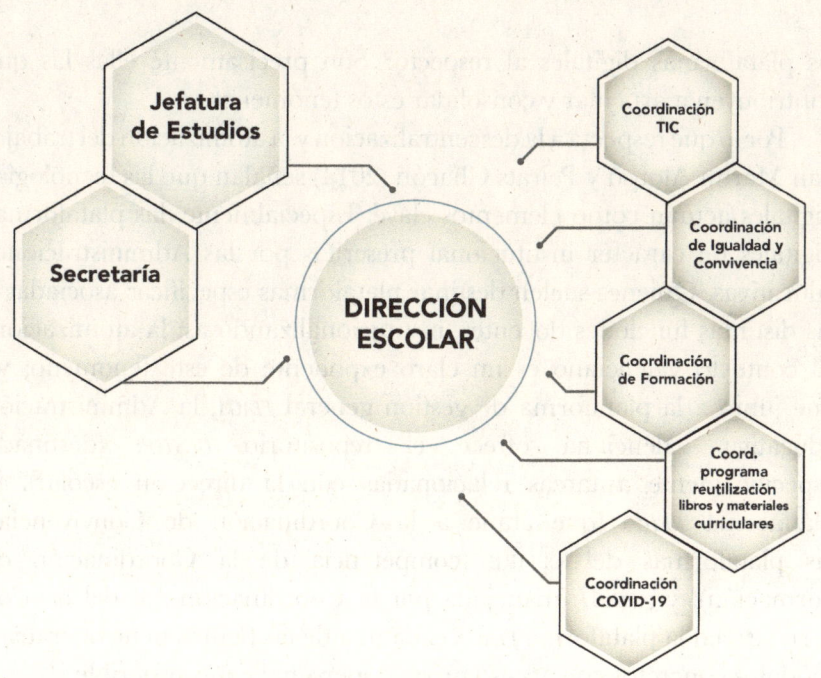

Fig. 15. *Estructura organizativa nodal de los centros escolares en base a la uberización*

Como puede observarse en la figura anterior, el modelo clásico de dirección escolar, posteriormente extendido al equipo directivo, ha sido desplazado por la emergencia de múltiples figuras y roles, de carácter individual y especializado, que se presentan como agentes "de coordinación docente" pero que también desempeñan funciones relacionadas con el gobierno y la gestión de los centros escolares. Esto evidencia el rediseño de la estructura organizativa de la escuela, ahora tamizada (y atomizada) por la uberización y su gobernanza, que diluyen y difuminan el gobierno. Así, pese a que el surgimiento de estas figuras puede parecer poco trascendental, ilustra una metamorfosis profunda y holística del entramado organizativo del centro escolar. Ya que a cada una de ellas se le atribuyen unas funciones y unas responsabilidades específicas y exclusivas.

Por tanto, las principales implicaciones derivadas de la uberización de la estructura escolar son la atomización, la especialización y el cambio en las formas de ejercer el control. Ahora bien, ¿qué papel desempeñan las plataformas digitales al respecto? Son precisamente ellas las que contribuyen a articular y consolidar estos fenómenos.

Por lo que respecta a la descentralización y la atomización del trabajo, San Martín Alonso y Peirats Chacón (2014) señalan que las tecnologías digitales actúan como elementos clave. Especialmente, las plataformas digitales de carácter institucional prescritas por las Administraciones educativas. Quienes suelen destinar plataformas específicas asociadas a las distintas funciones docentes, institucionalizando así la atomización. El contexto valenciano es un claro exponente de este fenómeno, ya que junto a la plataforma de gestión general ITACA, la Administración educativa valenciana ofrece el repositorio GESTOR (destinado específicamente a tareas relacionadas con la dirección escolar), la plataforma REICO (que atañe a la Coordinación de Convivencia), las plataformas del CEFIRE (competencia de la Coordinación de Formación), y *gvaSAI* (manejada por la Coordinación TIC del centro). A su vez, en la plataforma ITACA cada una de las figuras tiene operativos módulos concretos con acceso privado, personal e intransferible.

La uberización de la estructura escolar provoca la sustitución del modelo clásico piramidal, basado en la concentración de poderes, por otro modelo *uberizado* mucho más difuso y complejo, vertebrado en torno a redes de actores con roles diversos. De ello se deriva la instauración de nuevas formas de gobierno de los centros escolares, directamente relacionadas con la gobernanza y la gubernamentalidad (como se abordará en el próximo capítulo).

Estos nuevos formatos perfilan una estructura organizativa que legitima la división del trabajo característica del taylorismo clásico, ahora reconvertido en neo-taylorismo digital (Noll, 2019). Lo que remite al segundo de los fenómenos anteriormente expuestos: la especialización de los miembros de la organización (Álvarez Alonso, 2017). Las plataformas digitales desempeñan un papel protagonista al respecto. Ya que el profesorado que ejerce alguna función de coordinación o que forma parte del equipo directivo del centro escolar es quien suele afrontar mayores cargas de trabajo en estos artefactos, y con mayores niveles de especialización. Por el contrario, el resto del profesorado suele desconocer el funcionamiento de este tipo de plataformas, o las utiliza de manera muy puntual. Una diferencia que deriva del volumen de responsabilidades asignadas a los docentes en función del rol que ocupan en la estructura organizativa del centro escolar.

Con ello se produce la emergencia de un "sistema doble" o diferenciador dentro de los propios centros escolares. De manera que la aparente descentralización, derivada de la desregulación y la gobernanza, en realidad provoca una concentración de las tareas y responsabilidades en figuras concretas. Por lo que su trasfondo es eminentemente recentralizador. Se avanza así hacia una estructura que, en lugar de buscar y fomentar la participación del profesorado y de la comunidad educativa, fragmenta el claustro generando nuevos perfiles y funciones. Y que podemos denominar como "gobernanza de plataformas" o "gobernanza uberizada".

Llegados a este punto nos preguntamos: ¿cómo se reconceptualiza la Dirección Escolar en este nuevo modelo organizativo?, ¿pierde la legitimidad y autoridad que ostentaba en la lógica fordista? En atención a estas cuestiones, conviene destacar que la uberización desencadena un impacto profundo y holístico, al que la Dirección Escolar no logra escapar. Frente a la dirección férrea y centralizadora de la lógica clásica, se aboga por formatos más difusos y flexibles en base al modelo de liderazgo compartido (Álvarez Fernández, 2010) en el cual la dirección escolar abandona su posición en la cúspide. Pese a ello, no deja de ser determinante para el funcionamiento del centro, ya que se le insta a adoptar un rol de figura visionaria que anime y promueva el cambio en la organización (Valle Aparicio, 2012, 2014).

Estos planteamientos se presentan como nuevos, pero forman parte del discurso pedagógico desde la década de los noventa. Momento en el que emerge lo que Bass (1985) denomina como "liderazgo transformacional" en alusión al papel de la dirección escolar como eje y motor de la transformación del centro. La irrupción de la gobernanza ha provocado la consolidación y sublimación de esta tendencia, fraguando en lo que se conoce como *distributed leadership* (Timperley, 2005), traducido como liderazgo distribuido (Bolívar Botía, 2010a). Un fenómeno que se ha agudizado todavía más a raíz de la implementación de los modelos basados en la uberización.

Ahora bien, ¿cómo se desarrolla el liderazgo distribuido?, ¿a través de qué prácticas se comparte y disemina entre los miembros de la organización escolar? y ¿qué lógica opera en la base de este fenómeno de distribución? La respuesta a estas preguntas pasa por analizar el papel que la Dirección Escolar desempeña en la nueva gobernanza uberizada. Aspecto en el cual destacan transformaciones como la fragmentación, y el cambio en el sistema de responsabilidades y legitimidades, cuya confluencia consolida la des(re)centralización del centro escolar, camuflando la recentralización como desregulación y flexibilidad.

En el nuevo escenario, la Dirección Escolar comparte su liderazgo con las figuras de coordinación docente que se encargan de aspectos específicos. Y también con las múltiples instancias emergentes como las comisiones, los grupos de trabajo, los equipos docentes o los equipos de ciclo, que todavía siguen operativos en los centros pese a que ya no quedan recogidos por la legislación educativa vigente. Esta reestructuración apunta a cierta pérdida de poder por parte de la dirección, que también puede afectar a su legitimidad. La uberización ya no responde a una estructura piramidal, sino que opera y discurre de formas tan complejas y ubicuas que huye de cualquier tipo de linealidad. En este sentido, aparentemente, la gobernanza uberizada instaura un sistema y una estructura descentralizadora. Sin embargo, la asunción de decisiones y de tareas continúa siendo eminentemente unipersonal y unilateral. Aunque ahora ya no está "concentrada" en la Dirección, sino en esferas múltiples de gobierno.

De modo que el entramado organizativo del centro escolar se desmiembra y atomiza cada vez más, y se restauran modelos de centralización dispersa. Lo que apunta a que la realidad de los centros avanza cada vez más hacia una estructura fuertemente desregulada, pero no por ello menos jerarquizada. Este aspecto nos lleva a otro elemento de interés: las responsabilidades. En el nuevo modelo, la dirección escolar continúa siendo una figura sometida a una gran presión y a una intensa devolución de responsabilidades por parte de varios agentes. Tanto de las familias, que adoptan un rol clientelar en el actual contexto de mercado educativo. Como del profesorado, que reclama una figura de dirección como agente transformador y catalizador del cambio. Y también la Administración educativa, puesto que la dirección escolar constituye todavía en la actualidad la figura de enlace entre ella y el centro escolar. Derivado de ello, debe asumir una gran carga de trabajo y responsabilidades, que se desarrollan en la mayoría de las ocasiones a través de plataformas digitales.

Esto obliga a los directores y directoras a estar permanentemente conectados. Tanto en las plataformas institucionales como en otras de carácter privado que les permiten gestionar adecuadamente la comunicación con el resto de los miembros del equipo directivo y con el claustro. Derivado de ello, la Dirección Escolar se convierte en una figura altamente precarizada y saturada por el exceso de responsabilidades, materializadas en la proliferación de tareas distintas. Precarización que emana en gran parte del propio trabajo en plataformas digitales. Que en lugar de facilitar las tareas las intensifica, aumentando también su complejidad por los largos procedimientos que deben realizarse a través de las plataformas, que cada vez resultan más farragosos y complejos.

De todo lo expuesto se desprende que la dirección escolar constituye en la actualidad una figura caracterizada por la intensificación y precarización del trabajo (Ávila Ayala, 2021). Una figura que desempeña un papel tan importante como complejo en la organización escolar, situándose en la permanente encrucijada: entre las presiones sociales y administrativas y las necesidades de su claustro, entre la postura personal y la institucional, entre la centralización y la descentralización. En definitiva, una figura que, como ya expuso Bardisa Ruiz (2004), se presenta como partícipe de un modelo compartido y distribuido, pero que en realidad responde al personalismo, a la devolución de responsabilidades y a la precarización extrema.

Pese a que la organización y la estructura se atomizan cada vez más, la Dirección Escolar continúa ostentando un papel fundamental. Si bien actualmente no puede hablarse de la existencia de una estructura de corte piramidal. Ya que, fruto de la gobernanza uberizada, los perfiles se diversifican y especializan. Por lo que la Dirección Escolar ya no se ubica en la cúspide de una pirámide (propia de la lógica de gestión burocrática), sino en el epicentro de un entramado de redes complejas que integran a distintos actores y agencias, tanto internos como externos al centro escolar. Se instaura la organización-red (Metcalfe, 1995), una nueva estructura escolar que adopta la lógica organizativa característica de las nuevas *startups* y empresas basadas en el trabajo en plataformas digitales, como Uber (Pardo Baldoví et al., 2018), entre otras. Un modelo que tratamos de representar en la ilustración siguiente.

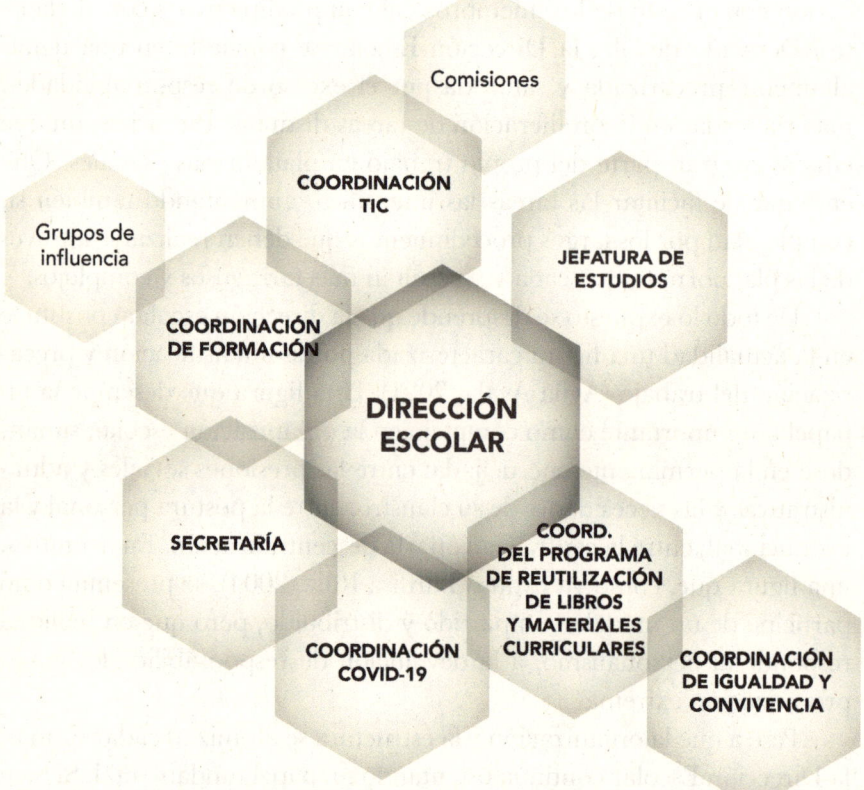

Fig. 16. *Estructura escolar uberizada*

En síntesis, la uberización propicia la emergencia de una estructura organizativa caracterizada por la atomización, la desregulación, el control y la especialización. En la cual el poder circula y opera de formas difusas, y en la que el gobierno se desarrolla a partir de la interacción compleja entre múltiples actores. Transformaciones sustantivas que trascienden los cambios estructurales para generar también un impacto sobre la cultura escolar, tal y como se detallará seguidamente.

4.1.2. LA TECNOCULTURIZACIÓN DE LA ESCUELA: BALCANIZACIÓN E INDIVIDUALISMO DOCENTE EN LA ERA DEL TRABAJO COLABORATIVO

Como ya avanzábamos en la introducción de este libro, los modelos sociales penetran por ósmosis en las prácticas cotidianas de la escuela y de sus agentes. Quienes, progresivamente, los incorporan a la cultura escolar, generada mediante las actuaciones colectivas que desarrollan en la institución y la creación de un entramado de tradiciones, expectativas, normas, costumbres, creencias e inercias que vertebran la vida en el centro (Gairín Sallán, 2000). Los cambios estructurales anteriormente analizados propician la redefinición del entramado organizativo de los centros escolares; pero no pueden entenderse al margen del análisis de la cultura organizativa. Dado que, como señalan Beltrán Llavador y San Martín Alonso (2000), se trata de dimensiones complementarias en la constitución del objeto organizativo.

La generación de la cultura escolar es un fenómeno complejo, mediatizado por las tendencias sociales. Así como los sistemas de valores que sustentan la producción y circulación del conocimiento se han visto transformados por las tecnologías digitales (Olivé, 2006), también la cultura de la escuela muta a raíz de su introducción y de las cosmovisiones que las acompañan. Derivado de ello, la escena educativa actual ya no se concibe al margen de las plataformas digitales. Y cada día se consolidan con más fuerza los discursos que pregonan las bondades de estos artefactos para modernizar los centros escolares, no solo por lo que se refiere a los aspectos didácticos, sino también a la gestión del centro y del aula, tareas que se desarrollan eminentemente a través de las plataformas digitales.

En torno a estas narrativas se ha ido construyendo un consenso social que asume la implementación de plataformas digitales en la escuela como un cambio optimizador y deseable. Un planteamiento ampliamente defendido por la literatura académica reciente y por los distintos organismos oficiales. Incluso se apunta a la emergencia de nuevas pedagogías derivadas de la instauración del trabajo digital en el proceso de enseñanza-aprendizaje. Se impone así un discurso idealista que, en lugar de cuestionar el calado real de las transformaciones, asume acríticamente los beneficios que sobre ellas pregonan las narrativas hegemónicas. Lo cual, como indica Gutiérrez Martín (2002), entraña una doble irresponsabilidad en el panorama educativo. Por un lado, porque la escuela y el profesorado deben velar porque la institución cumpla una finalidad optimizadora. Y, en segundo lugar, porque esta optimización debe extenderse también al contexto y a la sociedad, abogando por la superación de las carencias culturales y sociales.

La asunción acrítica de estos discursos remite a lo expuesto por Niño Arteaga (2019) quien, en alusión a Horkheimer (2003), afirma que "el constructo teórico de quienes defienden una educación neoliberal se nutre de una pseudoconcreción que confunde la actitud crítica (*Verhalten*) con el fetichismo de la asimilación acrítica de un discurso rotulado (*Überschrift*)" (p. 136). Pese a estas cuestiones, las plataformas digitales se incrustan cada vez más tanto en el plano material como en el simbólico. Al tiempo que cambian las creencias de los miembros de la organización se genera un cambio del escenario cultural. Ahora bien, ¿en qué se materializa este fenómeno? Principalmente, la uberización de la cultura escolar se manifiesta en distintos fenómenos relacionados con la coordinación docente y los conflictos.

Respecto al primer aspecto, el discurso hegemónico enfatiza el potencial de las plataformas digitales para favorecer la colaboración entre el profesorado. De hecho, el actual modelo socioeconómico que venimos denominando como "capitalismo de plataformas" o "*Uber Economy*" también recibe los apelativos de "economía colaborativa" o "capitalismo colaborativo" (Sundararajan, 2016, 2017). No obstante, como apunta Grau-Pineda (2018), este aspecto constituye en muchas ocasiones una falacia. Ya que lo que se erige es una falsa colaboración que, en realidad, encubre la atomización y precarización extremas del trabajo, apelando al halo de la innovación digital y al emprendimiento neoliberal.

Estos fenómenos se reflejan claramente en la estructura uberizada anteriormente expuesta, de claro sustrato descentralizador. En la cual se apela al liderazgo distribuido para camuflar la especialización extrema. Pero también se perciben en la falsa sensación de colaboración que gravita en torno a las plataformas. Ya que si bien la información está accesible para todos, ello no implica necesariamente que el trabajo se desarrolle de forma colaborativa. Al contrario, suele producirse una distribución previa de las tareas entre los miembros, quienes posteriormente recomponen dichas partes como si de piezas de un puzle se tratasen. En este sentido, la colaboración se produce en la última fase de "recomposición". Lo cual, además, no siempre comporta una discusión o un trabajo conjunto. Por lo que este enfoque se asienta en el individualismo, así como en el celularismo, la fragmentación y la atomización características del trabajo en plataformas.

Con ello, se corre el peligro de instaurar un individualismo radical, exacerbado, que no se limita a priorizar el trabajo individual frente a las formas colegiadas. Sino que margina al individuo incluso de sí mismo, alienándolo y reduciéndolo a mercancía que, a su vez, reproduce, consolida y legitima la lógica de mercado. Es decir, no solo se capitaliza el trabajo, sino el propio docente como sujeto, la vida en sí misma (Gordon, 1991). Esta alienación es facilitada, acelerada y camuflada por la propia lógica subyacente a las plataformas digitales. Porque el carácter de las tareas ejecutadas en las mismas responde a un trasfondo eminentemente individual e individualizador. Incluso cuando se presentan como "colaborativas", el enfoque subyacente responde a la fragmentación en base al neo-taylorismo digital. Pero, además de ello, porque las plataformas digitales no pueden definirse como espacios de identidad, históricos o relacionales, sino que enfatizan la individualidad, lo efímero, la actitud mecánica, el anonimato.

Ligado a estos aspectos emerge otro de los efectos colaterales derivados de la implementación de las plataformas digitales como herramientas óptimas para la comunicación y colaboración docente: la progresiva reducción de la presencialidad y la consecuente destrucción de los espacios de encuentro, diálogo y discusión compartida, tan necesarios en los centros escolares.

Los fenómenos expuestos remiten a la desregulación inherente a la uberización, que también transforma el escenario cultural, desencadenando la desinstitucionalización. Ya que el fomento del trabajo colaborativo a través de plataformas digitales supone un mecanismo privilegiado para la entrada en la escuela del sector privado, consolidando y legitimando la mercantilización de la esfera educativa. Puesto que la mayoría de plataformas utilizadas por los centros escolares para este tipo de tareas son de carácter privado. Especialmente, la desinstitucionalización se manifiesta cuando estas plataformas llegan a imponerse como nuevos canales oficiales, sustituyendo a los cauces y mecanismos tradicionales de la organización, a los procedimientos y reglamentos formalmente establecidos. Lo que, una vez más, rompe con la estructura organizativa y también con la cultura clásica, ya que ahora cualquiera puede asumir funciones anteriormente reservadas a ciertos cargos.

Las plataformas digitales propician la instauración del autogobierno, lo que apela (y transforma) directamente el terreno de lo simbólico (Bourdieu, 1998). Y con ello no solo muta la lógica de la organización. Sino que se producen cambios en los patrones de actuación de sus miembros, reducidos a ejecutores o replicadores de la información recibida a través las plataformas. Con lo cual el profesorado pierde cierta capacidad de decisión, planificación y acción. Se trata de una transformación profunda y holística que desencadena intensos procesos de enculturación provocando la instauración en la organización escolar de lo que Echeverría (2003) califica como "cultura tecnocientífica", que entroniza los valores del desarrollo tecnológico, generando prácticas cognitivas que legitiman las plataformas digitales en la institución y que se van asumiendo como supuestos. Este proceso de enculturación no está exento de complejidad, sino que visibiliza la naturaleza conflictiva de la organización escolar. La cual, según Beltrán Llavador (2000) constituye una encrucijada de conflictos.

Si bien la uberización puede erigirse en reflejo de consensos, también es fuente de disensos, de tensiones que marcan el escenario cultural de los centros escolares y que emergen de la lucha y contraposición de intereses entre el profesorado, lo que evidencia su calado micropolítico (Blase, 2002). Una de las fuentes atañe a la cuantiosa inversión económica necesaria para dotar y mantener la infraestructura digital de los centros escolares. Una realidad que no todo el profesorado está dispuesto a aceptar, porque consideran otros aspectos como prioritarios. El teletrabajo y sus consecuencias también constituyen uno de los principales motivos de conflicto. Ya que la irrupción de las plataformas digitales en la escena educativa altera significativamente las formas de trabajo del profesorado, que ahora avanzan hacia nuevos modelos como el *"learning to go"*. Provocando la consolidación de lo que Illich (1981) denomina como "trabajo sombra" o "trabajo fantasma", que comporta la destrucción de la jornada lectiva y laboral clásica y su sustitución por un trabajo ubicuo y *non-stop*, que ahora puede ejercerse en cualquier momento y desde cualquier lugar a través de la plataforma. Por último, también pueden surgir conflictos derivados de la opción pedagógica y del posicionamiento docente respecto a la implementación de plataformas digitales en la escuela. Convirtiéndose la uberización en eje de afirmación ideológica entre el profesorado. Concretamente, entre quienes se muestran partidarios del trabajo digital y quienes se resisten a su hegemonía.

La emergencia de estos fenómenos desencadena un profundo impacto en el escenario cultural de la organización escolar, por los juegos de poder que entraña y por las tensiones y actitudes de cuestionamiento que de ellos se derivan. Provocando la fracturación de la cultura organizativa de los centros escolares. En este sentido, la uberización puede llegar a erigirse como un punto de escisión del claustro, porque implica un cambio cultural y un cambio de lógica con una ideología y un programa de transformación concretos (Casilli y Posada, 2019). Esto coloca a la Dirección Escolar y al claustro en su conjunto en una encrucijada, entre los consensos y los disensos. Y precisamente la postura que la Dirección adopte ante la uberización puede resultar determinante para la configuración de la cultura profesional del claustro.

Partiendo de esta premisa, pueden observarse dos escenarios distintos. En primer lugar, que la apuesta por el trabajo con plataformas digitales emane del equipo directivo. Por otro lado, que se trate de una iniciativa particular de un docente o de un grupo de ellos. Fenómeno que tratamos de representar en la figura 17 y que dan lugar a realidades culturales de gran interés.

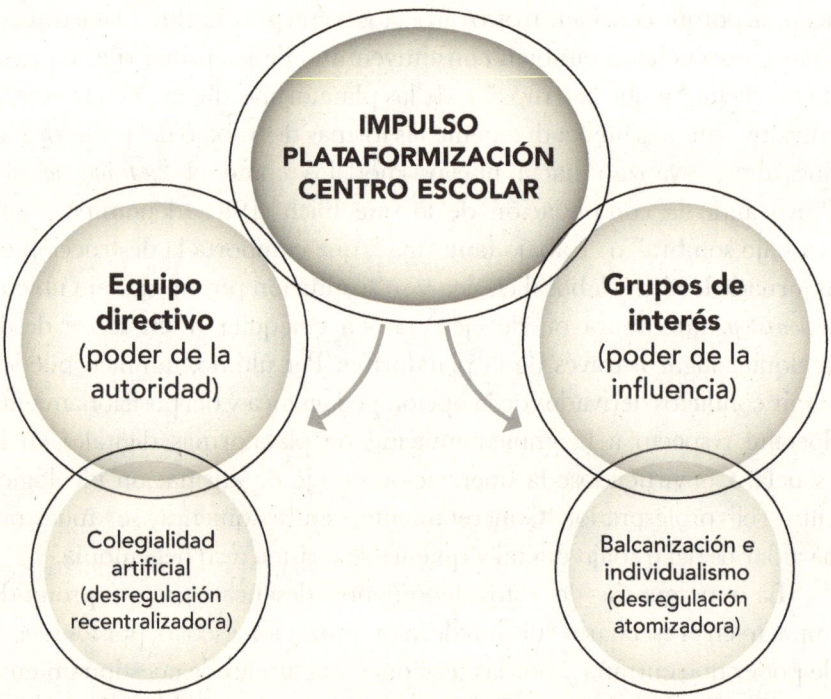

Fig. 17. *Fuentes del impulso uberizador del centro escolar y fenómenos derivados*

En el primer escenario, la Dirección Escolar se erige como catalizadora y promotora del trabajo en plataformas digitales en el centro. El cual se presentará como un proyecto colegiado, formando parte de las señas de identidad y del Proyecto Educativo del centro. Para materializar este escenario los centros adoptan cambios estructurales, entre los cuales destacan la distribución heterogénea del profesorado para que pueda crearse una estructura de tutorización; así como medidas relacionadas con la provisión y distribución de recursos; y la realización de formación docente.

A primera vista, la cultura profesional que emerge en estos casos es la colaborativa, definida por Hargreaves (1996) como aquella que se vertebra en torno a la colaboración y el consenso entre los miembros del claustro. No obstante, en realidad suele responder a una colegialidad artificial. Ya que la apuesta no siempre emana de una decisión compartida, ni recoge el sentir de todo el profesorado, pese a que como tal se pregone y publicite. En este modelo la dirección ostenta la legitimidad y camufla bajo la desregulación lo que en realidad constituye un ejercicio de poder recentralizador. De forma que muchas veces la "colegialidad" se impone falsamente en los procedimientos formales y burocráticos, como en los planteamientos institucionales del centro y en la imagen proyectada. Pero no se corresponde con las prácticas desarrolladas.

Este escenario concuerda con el discurso hegemónico, que incide en el papel de la dirección escolar como agente promotor del cambio y de la innovación en el centro escolar (López Yáñez y Lavié Martínez, 2010). Sin embargo, en la actualidad el liderazgo emana y se atribuye a fuentes diversas, que trascienden a la dirección escolar, lo que remite al segundo de los escenarios esbozados. El cual constituye un panorama marcado por los juegos de poder, por la micropolítica de la escuela (Ball, 1989). Ya que la apuesta por el trabajo con plataformas digitales emana de grupos de interés e influencia (González González, 1997), de coaliciones entre docentes. Estos escenarios suelen derivar en la configuración de una cultura balcanizada por la existencia de subgrupos separados e incluso contrapuestos. Lo que provoca cambios sustantivos en la distribución del liderazgo, ya que ahora la influencia se antepone al poder tácito o formal derivado de la autoridad (Peirats Chacón et al., 2019). Por tanto, la uberización acaba imponiéndose como el modelo deseable, incluso cuando es una opción minoritaria.

Conviene destacar que el análisis efectuado no pretende convertirse en una descripción absoluta de la cultura profesional de los centros; dado que esta es compleja, dinámica y cambiante. Pero resulta evidente que la uberización introduce racionalidades específicas que conectan con el modelo de "mosaico móvil" (Hargreaves, 1996; Toffler, 1990), caracterizado por la fragmentación, la desregulación y la flexibilidad propias de la lógica de plataformas, como se muestra en el siguiente esquema.

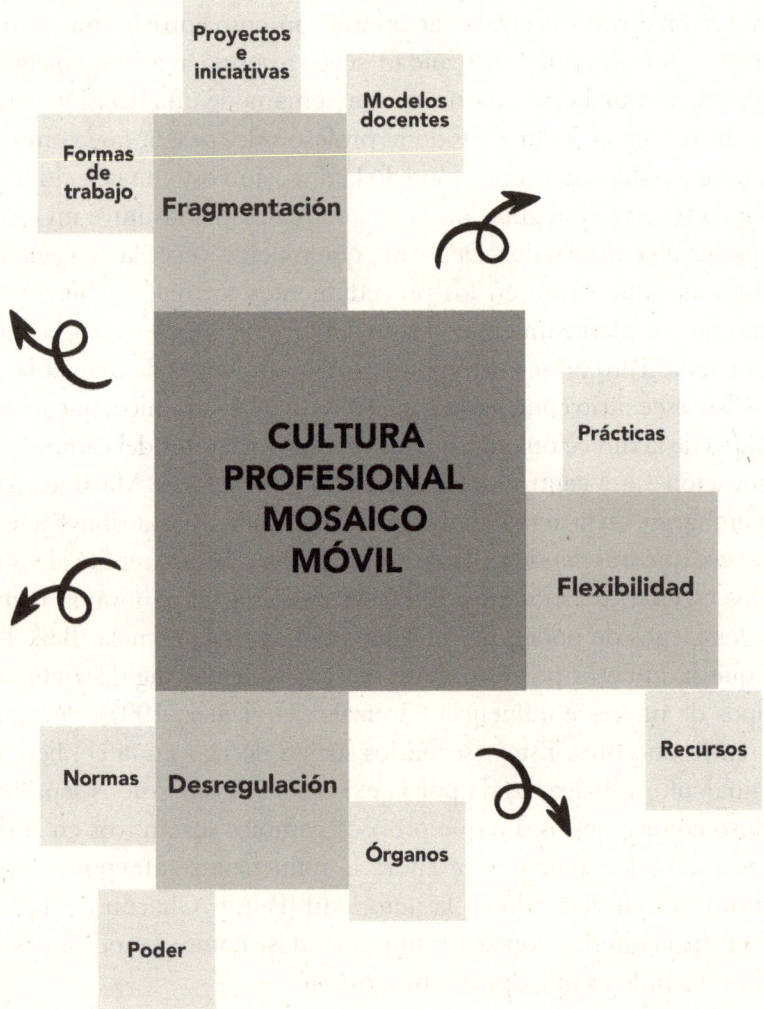

Fig. 18. *Cultura profesional de mosaico móvil derivada de la uberización de la escuela*

En definitiva, el trabajo con plataformas digitales provoca la desregulación progresiva de la organización escolar. Pese a que pretende uniformizar los valores y patrones de pensamiento y acción, apela a la diferenciación como muestra de excelencia. Por lo que, en lugar de avanzar hacia la colegialidad, se consolida el trabajo individualizado, asentado en el enfoque del emprendimiento, que presenta como autonomía docente lo que en realidad constituye el desmoronamiento de la organización clásica.

4.2. DE LA UBERIZACIÓN Y OTROS "VIRUS": LA REDEFINICIÓN DEL ENTRAMADO ORGANIZATIVO DE LA ESCUELA A LA LUZ DE LAS PLATAFORMAS DIGITALES

Gabriel García Márquez (1994), en su obra *Del amor y otros demonios*, planteaba que, en cualquier momento de la vida, puede sorprendernos "un sentimiento contranatural que condena a dos desconocidos a una dependencia" (p. 89). El hecho de que la segunda parte de la obra se titule "y otros demonios" no es arbitrario, sino que ilustra claramente la complejidad y las dualidades inherentes a la naturaleza de las relaciones humanas y, por tanto, a la naturaleza organizativa. En este capítulo se ha puesto el foco de atención precisamente en este ámbito, reflexionando sobre las transformaciones que la uberización desencadena sobre el entramado organizativo de los centros escolares, tanto por lo que respecta a la estructura como a la cultura de la escuela.

Con relación al primero de los elementos, se aprecia la sustitución de la estructura clásica organizativa de la escuela, de corte piramidal y basada en la interacción presencial, por un entramado complejo de redes que integran a agentes diversos y que aproximan la estructura escolar a la propia de las *startups* digitales. Un modelo que hemos denominado como "estructura *uberizada*", y que se caracteriza por la gobernanza, así como por la fragmentación, la atomización y la especialización de roles y tareas, en base a la emergencia de nuevas funciones de coordinación docente. Estos cambios estructurales transforman las pautas de acción y decisión en el centro escolar, al tiempo que propician la intensificación del trabajo y la precarización del profesorado, especialmente de aquellos docentes que ostentan un cargo de coordinación o de dirección en el centro. Entre los cuales destaca el caso de la Dirección Escolar, situada en una auténtica encrucijada en base a la reivindicación de un liderazgo distribuido de carácter des(re)centralizador.

Llegados a este punto, conviene destacar que los docentes no son seres neutros y asépticos, sino que forman parte de una cultura que constituye un entramado de creencias, expectativas, normas, comportamientos, mitos, rituales, costumbres, estereotipos, etc.; a la que resulta necesario atender para poder realizar un estudio minucioso de la realidad. Por ello, con el objetivo de indagar en el impacto que las plataformas ejercen sobre la cultura del profesorado, se ha reflexionado sobre cómo se desarrolla la coordinación docente a través de estos artefactos, así como los conflictos que en torno a ellos emergen.

Por lo que respecta a la coordinación docente, si bien el discurso hegemónico resalta el potencial de las plataformas para promover la comunicación y la colaboración; se aprecia un escenario complejo que, en muchas ocasiones, se corresponde con una falsa coordinación. La cual encubre la desregulación y el ejercicio del gobierno del centro escolar desde la distancia, y que no está exenta de conflictos. Este fenómeno trasforma el ejercicio y la distribución del liderazgo, hasta el punto de que la influencia logra anteponerse al poder tácito o formal derivado de la autoridad. Lo cual, a su vez, se convierte en fuente de disensos y conflictos entre los miembros del claustro. Se produce así la transición hacia culturas profesionales docentes marcadas por la colegialidad artificial, la balcanización y el individualismo. Las cuales difieren significativamente en las interacciones que se producen entre sus agentes, pero en cuya base comparten rasgos como la fragmentación, la diversidad y la flexibilidad propias de la lógica organizativa hegemónica. Estas ahora no se contemplan como elementos que laminan la hegemonía y la estabilidad del buen funcionamiento de la organización escolar, sino todo lo contrario.

Pese a que esta lógica opera y se materializa de un modo particular en la cultura profesional de cada centro escolar, siempre entraña un trasfondo común que remite al modelo de mosaico móvil propuesto por autores como Hargreaves (1996) o Toffler (1990). Reinterpretando este fenómeno desde la lógica original de las plataformas, concluimos que la realidad de la cultura escolar *uberizada* reproduce el funcionamiento y la forma de operar de una plataforma cruzada, metáfora que consideramos pertinente destacar por su potencial para ilustrar este fenómeno. Una plataforma cruzada es una tipología concreta de plataforma cuyo diseño le permite operar y ser ejecutada en múltiples sistemas informáticos, siendo compatible con múltiples entornos. Esta posibilidad se deriva de su capacidad para generar diversas versiones, pese a que siempre parta de una misma codificación de base. El impacto de la uberización sobre la cultura profesional del centro escolar reproduce este mismo esquema. Puesto que logra incrustarse en su seno a través de las mutaciones necesarias para asegurar su correcto funcionamiento, operando mediante cualquier tipo de cultura profesional predominante, ya sea la colegialidad artificial, la balcanizada o la individual.

Este funcionamiento también recuerda al comportamiento de otro "organismo" que ha cobrado especial relevancia en los últimos años, tanto en su dimensión tangible como en su formato virtual: el virus. El cual es capaz de mutar para adaptarse al organismo huésped, con independencia de sus características propias, hasta que logra incrustarse en cada uno de los recovecos de su ser, adueñándose de su huésped, y transformándolo con él, con el claro objetivo de asegurar su supervivencia. Partiendo de esta premisa, y reinterpretando el título de García Márquez, la redefinición del entramado organizativo de la escuela a la luz de las plataformas digitales bien podría nombrarse como "De la uberización y otros virus". Dado que constituye una transformación compleja a partir de la cual la organización escolar asume la lógica de las plataformas como natural y propia, incorporándola a las distintas dimensiones constitutivas de la organización como "cultura incorporada". Siguiendo a Quintanilla (2005), denominamos este fenómeno como tecnoculturización. Lo cual no se limita a las creencias, hábitos y valores que empiezan a manejarse en la organización, sino que también alude a la emergencia de rasgos culturales compartidos y asumidos por la comunidad escolar, que acaban propiciando la legitimidad de dicha cultura tecnológica, generando un impacto global que tratamos de reflejar en la figura siguiente.

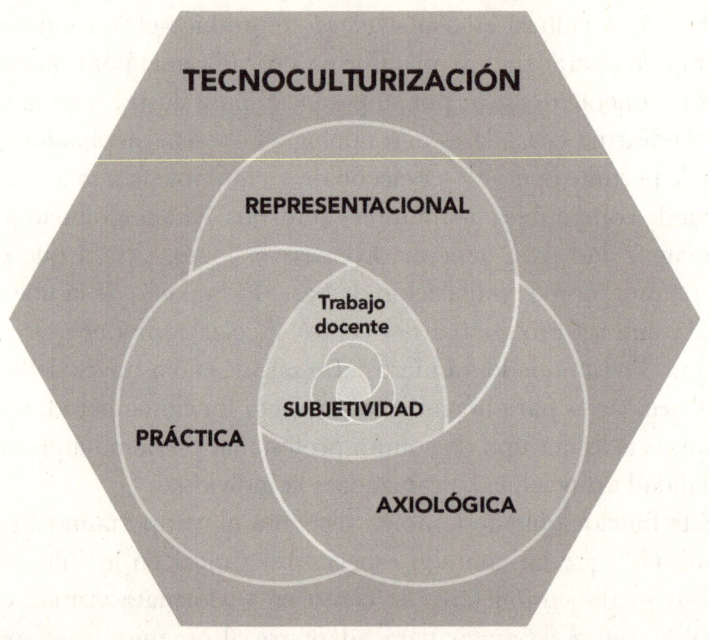

Fig. 19. *Dimensiones de impacto de la tecnoculturización de la escuela*

La tecnoculturización de la organización escolar afecta a tres dimensiones distintas: la representacional, que incluye las concepciones y creencias que se tejen en torno a las plataformas digitales, así como las narrativas que las sustentan; la dimensión práctica, que recoge las tareas y actividades que se desarrollan con los artefactos digitales; y la dimensión axiológica referida a los principios que vertebran el trabajo. Estas tres dimensiones no operan de manera aislada, sino que entre ellas se producen sinergias y concatenaciones que suscitan nuevas consecuencias para la redefinición del entramado organizativo de los centros escolares. Precisamente esta forma de operar en red es lo que provoca que el impacto de la transformación se produzca de forma global, mediante el entrecruce y la articulación de nuevos dispositivos reconfiguradores.

Esto supone un fenómeno de gran complejidad que afecta a tres dimensiones determinantes del entramado organizativo de los centros escolares: cambia el modelo de la organización (hacia "organizaciones ligeras" con estructuras flexibles), surte efectos en su reingeniería (avanzando hacia escuelas-red), y provoca un cambio en la naturaleza y la estructura de las tareas de la organización y de sus profesionales. Dimensiones que ahora quedan mediatizadas por las plataformas digitales y por la propia lógica que las vertebra, que no simplifica la estructura organizativa, sino que la complica. Ya que, aunque se pasa de un modelo sólido a uno ligero (Touraine, 1993), la liquidez comporta también mayor movilidad, inestabilidad e incertidumbre, e incluso cierto caos.

Partiendo de la información expuesta, se aprecia que las plataformas digitales articulan en los centros escolares dispositivos de enmarcamiento tal y como son definidos por Bernstein (1998), pues actúan simultáneamente sobre dos planos: el orden social y el orden discursivo. Respecto al plano del orden social producen una modificación de la estructura jerárquica de la escuela y de la relación que se establece entre sus agentes, a través de la redefinición de roles y perfiles dentro de la organización en función de la nueva lógica de gobierno. Pero, al mismo tiempo, también alteran los mecanismos a través de los cuales se ejerce la comunicación entre los agentes de la escuela, y los criterios de selección y creación del conocimiento y de la cultura escolar, transformando el plano del orden discursivo.

Como dispositivos de enmarcamiento estos artefactos actúan de manera multinivel, provocando un impacto global en la organización escolar, y articulando nuevas redes de poder y control que dan lugar a la redefinición holística de la escuela y de su profesorado, cada vez más sometido al control de la performatividad (Ball, 2003a, 2003b). Lo que transforma su carácter y su identidad encaminándole a interpretar un rol ajeno, cuyo guion y director se desdibujan en la ubicuidad del algoritmo, convertido en anónimo Ciberleviatán (Lassalle, 2019).

En conclusión, las plataformas digitales alteran significativamente el *satu quo* de la organización escolar no solo en sus aspectos formales, sino también en los estructurales y simbólicos, tanto a nivel explícito como implícito, dirigiéndola progresivamente hacia una redefinición total respecto a su noción clásica. De lo que se derivan nuevas racionalidades que alteran los sistemas de regulación y de trabajo en el centro escolar y con ello las pautas de acción y pensamiento y la configuración de la identidad y subjetividad docente (Laval y Dardot, 2013; Saura y Caballero, 2021). Ya que, si bien la organización uberizada se presenta como desregulada y descentralizada, entraña un importante trasfondo recentralizador, ejercido mediante la instauración de mecanismos de devolución de responsabilidades y la introducción de racionalidades de autogobierno y autovigilancia por parte del propio profesorado. Fenómenos en los que se profundizará en el siguiente capítulo. Así *que continúen atentos y "en línea" para adentrarse en la dimensión del gobierno de la escuela uberizada.*

V

GESTIÓN Y GOBIERNO
EN LA ESCUELA UBERIZADA

5.1. El gobierno de la escuela en la *Uber Economy*

> El amor a la servidumbre sólo puede lograrse como resultado de una revolución profunda, personal, en las mentes y los cuerpos humanos.
>
> *Un mundo feliz.* (Huxley, 2013, p. 201).

La irrupción de las plataformas digitales como elementos cotidianos en las distintas esferas sociales ha provocado una transformación holística y profunda de las relaciones humanas (Bauman, 2003; Han, 2014). Si, tal y como plantea Foucault (2008), el poder constituye una forma particular de relación humana, asumir lo anteriormente expuesto supone considerar que también la dimensión del poder, y con ello el gobierno, han experimentado intensos cambios a raíz de la uberización. Precisamente, por el potencial de estos artefactos no solo para gestionar la comunicación entre las personas, sino también "para actuar, informar, reclutar, organizar, dominar y contradominar" (Castells, 2001, p. 159).

Con anterioridad a la actual eclosión digital, la sociedad ya estaba inmersa en convulsos y profundos procesos de mutación que han alterado radicalmente sus distintas esferas, propiciando la transición de la lógica organizativa clásica hacia nuevos enfoques marcados por la desregulación, la flexibilidad y la complejidad. Como se ha detallado en el capítulo anterior, en este escenario las formas tradicionales de gobierno son sustituidas por el ejercicio de la gobernanza uberizada. En este modelo el poder ya no circula a través de mecanismos visibles, formales y delimitados. Sino mediante redes complejas de agencias y agentes diversos que rompen con la estructura clásica para abogar por la diseminación y la atomización del poder. Lo que provoca la instauración de modelos más horizontales y difusos (Cerrillo Martínez, 2005), pero que continúan entrañando un importante trasfondo recentralizador.

Acotando la mirada a la esfera educativa, en el capítulo anterior se
ha puesto de manifiesto que estos fenómenos alteran significativamente
el entramado organizativo de los centros escolares provocando su avance
hacia una escuela *uberizada*. Lo que supone una metamorfosis profunda
y holística de la organización escolar en su conjunto. Hasta el punto que
Castañeda Rojas (2023) conceptualiza este fenómeno como "revolución
educativa".

Al hilo de las revoluciones, Huxley (2013) planteaba en su distopía *Un mundo feliz* que las verdaderamente profundas solo se consiguen
a través de la transformación del propio individuo, del sujeto, de las
mentes y de los cuerpos humanos. Es decir, articulando dispositivos de
psicopolítica (Han, 2014) o biopolítica (Martínez Pineda et al., 2015).
Mecanismo que en la citada novela pasaba por la instauración de la
hipnopedia, una "revolucionaria" tecnología educativa destinada a la
(de)formación del sujeto mediante su adoctrinamiento durante el sueño.
Volviendo a nuestra escuela uberizada, nos preguntamos: ¿qué dispositivos de gobierno se articulan en su seno? y ¿qué papel desempeñan las
plataformas digitales al respecto? En definitiva: ¿cómo se ejecuta y ejerce
el gobierno de los centros escolares en este nuevo marco? Nos negamos
a recurrir a la hipnopedia para responder a estas cuestiones, así que les
rogamos que no se duerman, y sigan leyendo el capítulo...

5.1.1. *Is the Big Brother watching you?* La reconceptualización de la Administración educativa en tiempos de plataformas

En el análisis efectuado en el capítulo anterior se ha puesto de manifiesto que la irrupción de la gobernanza y del nuevo *management* educativo
han propiciado que la lógica clásica de gobierno de la escuela, basada
en la centralización, la prescripción externa y la solidez mediante un
sistema de estructuras y roles formales de regulación (Fullan, 2002); sea
sustituida por la descentralización, la fragmentación, la flexibilidad y la
desregulación (Natera Peral, 2005).

Aparentemente, esta nueva lógica supone la ruptura con la
tradicional relación de dependencia entre los centros escolares respecto
a la Administración Educativa (Beltrán Llavador, 1991) para instaurar

nuevos modelos de autogobierno (Bernstein, 1998). Partiendo de esta premisa, se impone una cuestión: ¿qué papel desempeña la Administración Educativa en la actual esfera educativa uberizada? En atención a esta pregunta, y retomando los planteamientos de Bauman (2003) sobre la liquidez del actual modelo social, la Administración Educativa, como la propia vida, se torna líquida. Y de la mano de esta liquidez se produce una difuminación de las redes y cauces a partir de los cuales se ejerce el control y el poder sobre los centros escolares. Proceso que es fruto de la articulación de tres fenómenos deudores de la lógica del capitalismo de plataformas, y que tratamos de reflejar en la figura siguiente.

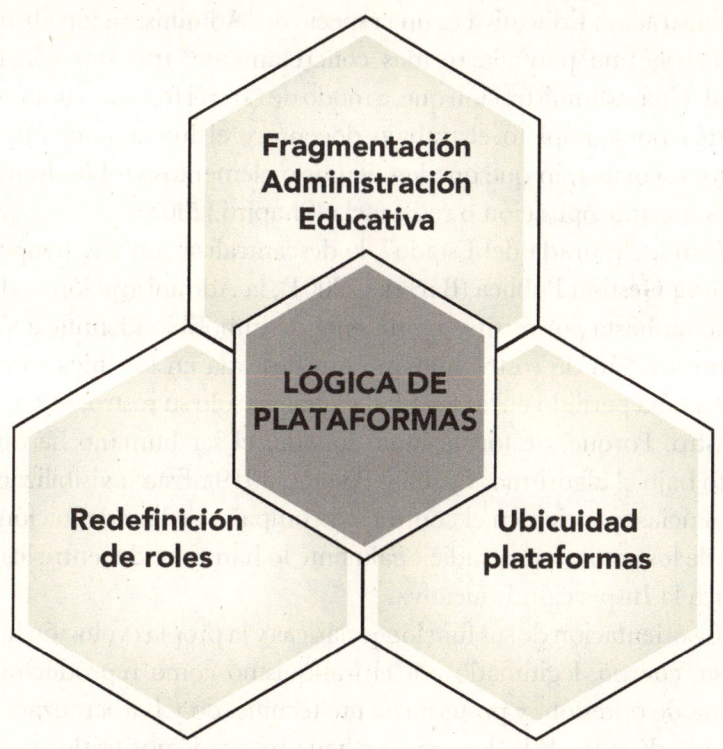

Fig. 20. *Interacción de elementos que difuminan las redes de control sobre los centros*

En primer lugar, conviene destacar que, como fenómeno global y holístico, la uberización no solo afecta a la organización escolar, sino a todo el sistema educativo en su conjunto. Por tanto, también las propias Administraciones educativas se atomizan. De forma que el clásico modelo "monolítico" queda ahora desdibujado por el tamiz de la gobernanza, donde la solidez anterior es sustituida por la emergencia de una intrincada red, formada por agencias diversas, en la cual la Administración Educativa se fragmenta en una serie de "matrices y filiales". Aunque el profesorado continúa manteniendo su clásica actitud de desconfianza respecto a la Administración (Hargreaves y Fullan, 2008), cada vez le resulta más complejo identificar a las agencias o actores concretos que ejercen el control. Precisamente porque ahora la Administración Educativa es una especie de "Administración abstracta", oculta tras una pantalla o, más concretamente, tras una plataforma digital. Una Administración que, a modo de Gran Hermano omnisciente, controla por completo el trabajo docente y el funcionamiento de los centros escolares sin que queden figuras o elementos visibles frente a los cuales mostrar oposición o resistencia (Shapiro, 2005).

Con la "retirada del Estado", la descentralización y la irrupción de la Nueva Gestión Pública (Barzelay, 2001), la Administración se diluye y desdibuja hasta convertirse en un ente de imposible identificación. Esa Administración de rostro humano tan buscada en los inicios del post-fordismo ha perdido en la sociedad digital no solo su rostro, sino también su rastro. Porque, de forma intencionada, el ser humano ha quedado oculto bajo el algoritmo (Casilli y Posada, 2019). Esta invisibilización de las agencias que ejercen el control se acompaña de la redefinición de los roles de los actores que tradicionalmente lo han ejercido, entre los cuales destaca la Inspección Educativa.

La orientación de sus funciones clásicas y la propia evolución histórica de este cuerpo, legitimado por el franquismo como reproductor de su sistema de opresión, y posteriormente tecnificado y burocratizado en las primeras décadas de la democracia; han provocado que tradicionalmente haya sido catalogado, y concebido, como una especie de cuerpo policial, fiscalizador, destinado a ejercer el control jerárquico y vertical

(Viñao, 1999). Un tipo de Inspección Educativa que era percibida por el profesorado como "un auténtico *alter ego* o perseguidor" (Gimeno Sacristán, 2003). La transferencia de competencias y las progresivas iniciativas de descentralización, desregulación y devolución de poderes a los centros educativos propician la transformación del papel de la Inspección Educativa. De manera que el cuerpo férreo al que Gimeno Sacristán (2003) calificaba como "oídos y ojos de la Administración", tan claramente visible en los primeros tiempos del fordismo; fue sustituyéndose por una Inspección maquillada, camuflada, y deudora del enfoque de "Administración con rostro humano" impulsado por la nueva lógica, que no extinguió el ejercicio del control, sino que más bien "ensayó nuevas formas de ejercerlo" (Monarca y Fernández-González, 2016, p. 216).

Y es aquí cuando entra en escena el tercero de los elementos reflejados en la figura 20: la ubicuidad de las plataformas digitales. Puesto que es lo que permite sofisticar y sublimar las "nuevas formas" de ejercer el control y el poder sobre los centros escolares, que ahora mutan de lo presencial a lo telemático. Instaurando así una Administración tan omnipresente como etérea y difusa. Ahora, son las propias plataformas digitales las que operan como mecanismos de control y de rendición de cuentas. Y aunque tras ellas suele encontrarse la Inspección Educativa como principal "rostro oculto" de la nueva lógica, es decir, como agencia de control, difuminada e invisibilizada por la gobernanza uberizada; el ejercicio telemático del control articula un espejismo que provoca la sublimación del modelo de Inspección con rostro humano, más cercana y accesible, que incluso logra ser percibida por el profesorado como desmarcada de la Administración Educativa de la cual fue, durante tantos años, "brazo ejecutor" (Gimeno Sacristán, 2003). En la actualidad, la Inspección Educativa pasa a ser concebida como una agencia más activa e implicada en la optimización del centro educativo, más comprometida y sensible. Y, por tanto, valorada de forma más positiva. Incluso una Inspección cómplice con el centro escolar y con el profesorado, que no solo hace "oídos sordos" a sus fallos, sino que llega a encubrirlos directamente. Precisamente porque las plataformas digitales camuflan la supervisión como asesoramiento y mediación, y el control como cercanía y sensibilidad a las necesidades del centro.

Sin embargo, la reconceptualización del papel de la Inspección Educativa no implica la supresión del sistema de control y vigilancia. Sino que este deja de ser ejercido de forma directa y presencial, para adoptar un modelo ubicuo, mediante las plataformas digitales. Un modelo que se corresponde con el *surveillance capitalism*, o capitalismo de vigilancia, formulado por Zuboff (2019), inherente a la *Uber Economy*, y entendido como un modelo que "engendra una nueva especie de poder y moldea el comportamiento humano hacia fines externos [...] a través de una arquitectura computacional ubicua de dispositivos, cosas y espacios en red «inteligentes»" (p. 8). Estos aspectos provocan ilusiones que oscilan entre la consideración de una Inspección desubicada y la de una Inspección cómplice y atenta. Al tiempo que se proyecta la imagen de un cuerpo de Inspección menos controlador e invasivo, crece la confianza entre este y los centros escolares, que se muestran más proclives a su "asesoramiento" y asumen sus recomendaciones de forma más positiva. Lo que remite a la irrupción del imaginario *soft*, que no se ciñe únicamente a la progresiva sustitución del *hard law* por el *soft law*, sino a la extensión general de un *modus operandi* concreto que sustituye las macro-reformas por las recomendaciones, las directrices y otros formatos más sigilosos, que encauzan y moldean suavemente el trabajo en los centros escolares de acuerdo con los postulados de la nueva lógica, y en los cuales incidiremos en el epígrafe siguiente.

Por tanto, es la ubicuidad de las plataformas digitales lo que consigue invisibilizar no solo los cauces y actores que ejercen el poder, sino también el mecanismo a partir del cual se ejerce, que remite a la lógica anterior: la burocracia. Un mecanismo que, aunque mediado y reconceptualizado por las plataformas digitales, sigue latente y vivo en el sistema actual. Si bien ahora pasa por la articulación de racionalidades de autogobierno entre el profesorado. Ya que la devolución de responsabilidades no se ciñe a la plataforma, sino que se traslada al propio sujeto. Esto desencadena una auténtica redefinición del sistema de relaciones clásico, derivado de la lógica fordista, entre la Administración Educativa y los centros escolares, mediante el cual las plataformas acaban anteponiéndose o sustituyendo a procedimientos legales que en la lógica anterior se ejecutaban a partir de reglamentaciones de orden superior. Por tanto, además de ejercer el control, las plataformas también actúan como mecanismo de prescripción, disciplinarización y unificación del trabajo en los centros.

Pero el profesorado no focaliza la atención en estos artefactos, sino que sigue remitiendo a la burocracia como el origen de la intensificación y precarización del trabajo. Ya que las plataformas digitales se erigen como un dispositivo de ejercicio de control y de poder, pero también constituyen uno de los elementos a controlar. Lo que difumina su propio calado. Cumpliendo así con lo expuesto por Habermas (2002) respecto a los mecanismos de dominación, que a medida que se intensifica el sometimiento de los individuos al aparato de producción hegemónico, la represión va desapareciendo de la conciencia de la población, operando así como una tecnología individualizante de poder o tecnología del yo (Foucault, 2008).

En definitiva, pese a la atomización que se aprecia, y pese a la re-conceptualización de la Administración educativa y la difuminación de las redes de control y de poder, la gobernanza uberizada entraña un importante sustrato uniformizador, que provoca una especie de para-doja en la que la descentralización se combina con la recentralización (Bernal Agudo y Cano Escoriaza, 2014). Un aspecto que da lugar a lo que Olmeda (2014) califica como "péndulo descentralización-recentrali-zación" (p. 143). Puesto que la pretendida retirada de la Administración educativa, en realidad, no entraña una verdadera desaparición, sino una reconceptualización de las funciones y del papel del Estado en la gestión de los servicios públicos (Hudson, 2007). Según la cual se instaura un modelo de "Estado de mínimos" que no implica que el Estado pierda su capacidad de decisión, actuación o control, sino que estas quedan difuminadas mediante un sistema de políticas basadas en la gobernanza.

Esta nueva línea de actuación, de la que la implementación de plataformas digitales es deudora, consolida la instauración de la lógica de gobierno de los centros desde la distancia. Una lógica de regulación post-fordista o post-burocrática (Barzelay, 1998, 2001), en la cual la Ad-ministración opera en los niveles de toma de decisiones y control del funcionamiento de las instituciones, pero de manera velada. Es decir, determinando objetivos y resultados, al tiempo que dejando el plano de la ejecución en manos de los propios centros educativos (Osborne y Gaebler, 1994). En este sentido, la Administración no "prescribe políticas" sino que "dota a los centros y ofrece herramientas", pese a que dicha dotación actúa con carácter performativo y, por ende, prescriptivo.

En palabras de Popkewitz (1996, p. 129), "no se trata tanto de iniciar una nueva forma de Estado como de construir un nuevo modo de introducir racionalidades políticas en el autogobierno". Por lo cual las tesis de "retirada del Estado" o "Estado mínimo" esconden una falacia, constituyendo lo que Weiss (1997) califica como "el mito del Estado impotente" que no implica el quiebre del Estado, sino la mutación de los mecanismos a través de los cuales ejercita su poder. Ahora más conectados a la aparente autonomía de las instituciones y sus agentes, mediante la activación de dispositivos de gobierno en la distancia, y el establecimiento de alianzas y políticas supranacionales.

Con relación a las alianzas, conviene destacar que la difuminación de los cauces de ejercicio del control y del poder no solo deriva de la reconceptualización del papel de la Administración Educativa, sino también de la irrupción de una pluralidad de actores pertenecientes a otros ámbitos, ya sean de carácter público como privado, que intervienen en la gestación y definición de las políticas educativas. Como hemos señalado en capítulos previos, este fenómeno afecta especialmente a las políticas educativas relacionadas con la transformación digital y la plataformización de la escuela. Las cuales, como expone Williamson (2017b), se basan en la hibridación entre la continua aparición y aceleración de las iniciativas; y su diseminación, flexibilización y desregulación, acorde al modelo de infraestructura blanda impuesto por la gobernanza. Lo que queda patente en la generalización y naturalización de las plataformas digitales privadas en la escuela. Pero también en la proliferación de proyectos y convenios de colaboración entre empresas líderes del sector tecnológico, como pueden ser Google, la Fundación Telefónica o Samsung, por citar algunos ejemplos, con las Administraciones Educativas y con los propios centros escolares.

El hecho de que la propia Administración Educativa auspicie y anime la suscripción de estos convenios constituye una clara evidencia de la reconceptualización de su rol y de su estrategia, que ahora pasan por abrazar los intereses corporativos del sector tecnológico (Burch, 2009). Mediante estas colaboraciones la Administración Educativa encubre la subcontratación y la externalización, convirtiendo a la propia escuela en una oportunidad comercial (Ball, 2009). Lo cual supone la institucionalización de las formas encubiertas de privatización de la educación, al convertir y legitimar a las agencias privadas en entidades reconocidas y "homologadas" por la Administración Educativa. Contribuyendo así a difundir, reforzar, consolidar y legitimar sus intereses, además de prestar cobertura ideológica al capitalismo de plataformas.

Y con ello la ideología de Silicon Valley no solo es reproducida y legitimada por las agencias del sector tecnológico, sino por la sociedad en su conjunto, y por la propia Administración educativa y los centros escolares. Proceso en el cual la escuela desempeña un papel protagonista, por la tecno-colonización del discurso educativo y del propio trabajo en los centros escolares (San Martín Alonso, 1995). Estos aspectos quedan visibles cuando el ingeniero y *youtuber* David Calle se convierte en gurú educativo y se clasifica entre los 10 finalistas del Global Teacher Prize 2017 (La Vanguardia, 2017). También en el florecimiento de la literatura pedagógica que entroniza la transformación digital de la escuela, o en el auge de los encuentros y eventos para propiciar la transformación del profesorado en *community managers, coolhunters* o *influencers* o educativos (Bazarra y Casanova, 2019), promovidos incluso por la propia Administración Educativa, como demuestra la oferta de píldoras y moocs del INTEF dirigidos a tales fines.

Todos estos casos evidencian que los argumentos en favor de la uberización de la escuela emanan y son puestos en circulación por agencias de diversa índole. De manera que no solo se extienden a nivel social, sino que también conforman la base de gestación de las políticas educativas. Por tanto, la uberización de la escuela opera a través de esferas de gobierno múltiples (Subirats, 2009), tejidas mediante la interacción entre una gran diversidad de agencias, pertenecientes a distintos sectores.

Y a partir de la hibridación entre la esfera pública y la privada. Lo que da lugar a un escenario altamente complejo y fragmentado, que refleja de forma clara el triunfo de la gobernanza.

Siguiendo estos planteamientos, la uberización de la escuela es poliédrica y multidimensional, porque emerge del propio escenario social. Por lo cual su evolución viene determinada por los cambios económicos, discursivos, sociales y políticos que se han producido en la historia reciente a nivel mundial. El "nuevo arte de gobernar" (Foucault, 2009; Laval, 2020) surgido al amparo del neoliberalismo y la gobernanza, provoca que las políticas educativas sean fruto de la concatenación de decisiones diversas tomadas en distintos planos y legitimadas por una gran diversidad de organismos y actores, tanto formales como diluidos y amorfos.

Fruto de todos los fenómenos comentados, se propicia la sustitución de un Estado de "máximos" a un Estado de "mínimos". O, en palabras de Barreto (2018), a una sociedad "de Estado mínimo y mercado máximo", donde las plataformas digitales se convierten en instancia "de regulación no solo económica, sino también social" (Closa Montero, 2003). En definitiva, la uberización legitima la transición del Estado de la realidad objetiva o de las instituciones, al "Estado de las mentes" (Bourdieu, 1999, p. 48), lo cual pasa por introducir nuevos valores y racionalidades, tal y como se detallará seguidamente.

5.1.2. CONTROL Y PODER EN LA ESCUELA UBERIZADA: LAS FALACIAS DE LA AUTONOMÍA Y EL EMPRENDIMIENTO EN LA ERA DEL GOBIERNO *SOFT*

En el epígrafe anterior se ha puesto de manifiesto que la uberización provoca una metamorfosis radical de la lógica clásica de gobierno de la escuela. En base a la cual la regulación directa es sustituida por nuevos formatos más desregulados, difusos y ubicuos, que se presentan como modelos de autogobierno y de autonomía de los centros escolares. Al hilo de la autonomía, defiende Bolívar Botía (2010b) que emerge ante el "agotamiento de un modo jerárquico, centralista y burocrático de regular la educación" (p. 9). Un discurso que forma parte del escenario educativo desde hace más de dos décadas, cuando la lógica post-fordista irrumpió en escena (Maroy, 2009). Y que no constituye un caso aislado del contexto español, sino que coincide con una tendencia global, auspiciada por las políticas europeas y los organismos supranacionales.

El modelo actual de escuela uberizada constituye también un claro exponente de este cambio de lógica. Ahora bien, ¿en qué elementos se manifiesta dicha autonomía en la escuela actual? En atención a esta cuestión, uno de los principales fenómenos que permite observar la transición desde el modelo de regulación formal hacia el autogobierno es la emergencia y eclosión de lo que se denomina como "buenas prácticas". Un concepto (o más bien un formato o modelo) que en la actualidad se asocia directamente con la innovación y con la modernidad. Pero que opera en la escena educativa desde hace más de 50 años.

Uno de los primeros exponentes (sino el primero) de la reivindicación de las buenas prácticas como modelos con capacidad de transferibilidad y exportabilidad lo encontramos en la obra *Aprender a ser: la educación del futuro* (Faure et al., 1973) auspiciada por la UNESCO. Esta obra sienta las bases para la extensión de las tecnologías digitales en la educación, incidiendo en su potencial innovador y en la necesidad de incorporarlas en la escuela para optimizar los procesos y renovar la enseñanza. Pero, además, también actúa como un mecanismo privilegiado para la introducción y articulación de las tecnologías de la gubernamentalidad y del nuevo paradigma educativo, a través de la apuesta explícita por la formación permanente y la reivindicación de anteponer el "aprender a aprender" a los conocimientos. Lo que inicia la gestación del enfoque de las competencias, tan claramente conectado con la nueva subjetividad neoliberal, flexible y emprendedora, que aboga por un sujeto en permanente proceso de reconstrucción. Es precisamente para alcanzar y legitimar estos planteamientos cuando el citado documento presenta una serie de "casos ilustrativos" que inauguran la era de las "buenas prácticas".

Este planteamiento también es reproducido por las políticas educativas de la Comisión Económica Europea que crea en el año 1974 su Comité de Educación. Este organismo señala la necesidad de establecer un programa para la cooperación en materia educativa con el objetivo de optimizarla. Voluntad que fragua dos años más tarde con la puesta en marcha en el año 1976 de su primer programa educativo: el *Plan de Acción en Materia Educativa* (Valle, 2006). Cuyos planteamientos y sustrato todavía son rastreables en la agenda educativa de la Unión Europea, como: el enfoque clientelar de las familias, la convergencia de los sistemas educativos, la cultura de la evaluación como herramienta de control y rendición de cuentas, el inicio de la educación a distancia mediante las tecnologías del momento (el correo convencional primero, y luego la radio y la televisión), y también el pilotaje y la evaluación de experiencias innovadoras y de buenas prácticas.

A partir de estas iniciativas, el modelo de las buenas prácticas va cobrando cada vez mayor presencia y fuerza en el imaginario educativo, presentándose siempre como novedad, pese a su lejanía temporal. Un fenómeno que se agudiza todavía más con la irrupción de la gobernanza, que destierra la etapa de centralización explícita, la época del "vigilar y castigar" a la que aludía Foucault (1998), para inaugurar un nuevo periodo de recomendaciones, protocolos y guías de buenas prácticas. Formatos que rigen el panorama actual, no solo en el ámbito educativo, sino a nivel general (como muestra la gran proliferación de este tipo de "nuevas regulaciones" en tiempos de pandemia).

Las buenas prácticas constituyen, por tanto, un modelo de orientación performativa, correspondiente con el nuevo imaginario *soft* de la gobernanza, que sustituye progresivamente las disposiciones reglamentarias del periodo burocrático por nuevas formas más flexibles, pero que continúan actuando como instrumentos de regulación, incluso con mayor poder que los de etapas anteriores. En resumen, un modelo que, como argumenta Martín Hernández (2015), supone una estrategia consciente de desregulación, según la cual la normativa sigue ejerciendo un poder regulatorio, pero se presenta a través de formatos más livianos.

Atendiendo a lo expuesto, las buenas prácticas fomentan y legitiman la implementación de las plataformas digitales en los centros escolares porque les conceden valor e interés con carácter sumativo, erigiéndolas como un incentivo del actual mercado educativo. Es aquí cuando la *audit culture* (Apple, 2005) se suma a la cultura de la performatividad (Ball, 2007, 2012), moldeando el comportamiento del profesorado en función de los postulados del mercado, y constituyendo una estrategia de privatización encubierta de la educación.

Pese a destacar su potencial diferenciador, estas iniciativas poseen un importante sustrato uniformizador del trabajo docente, visible en la reivindicación de su transferibilidad y exportabilidad. Si bien operan a través de una lógica distinta que pasa por la instalación de racionalidades de autogobierno vinculadas con el emprendimiento. En este sentido, las buenas prácticas actúan como elementos articuladores de una nueva lógica de gobierno de los centros educativos desde la distancia, que ejerce un fuerte impacto en la organización escolar. Pero también sobre el propio profesorado, ahora convertido en un sujeto performativo (Luengo Navas y Saura Casanova, 2013).

La performatividad docente adopta dos formatos distintos. Por un lado, el profesorado queda reducido a ejercer como un mero "rastreador" o "replicador" de buenas prácticas presentadas como originales y optimizadoras, pero que en realidad responden a tendencias estandarizadas y de corte neoliberal. Además, conviene destacar que, al igual que el profesorado se inspira a partir de las ideas de otros docentes, también comparte sus propios trabajos. Y con ello actúa como un agente que fomenta, pone en circulación y legitima las "buenas prácticas". De manera que el trabajo docente se moldea y orienta apoyándose en determinados principios axiológicos ligados a la calidad y la innovación neoliberal, mediante un proceso cíclico basado en la apropiación y difusión de las narrativas que legitiman el trabajo con plataformas digitales en la escuela, siguiendo el esquema de la figura siguiente.

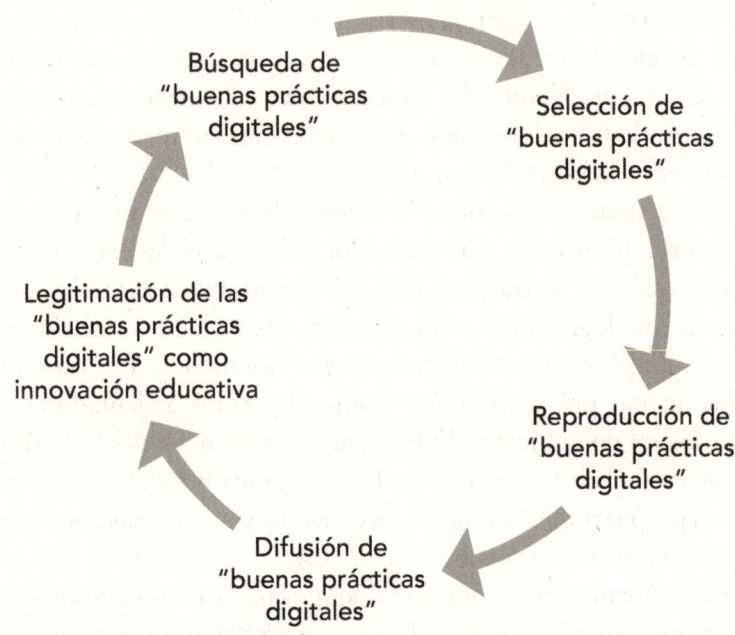

Fig. 21. *Proceso cíclico de apropiación, circulación y legitimación de las "buenas prácticas digitales" por parte del profesorado*

Mediante este proceso cíclico no solo se difunden las prácticas, sino también el discurso que enfatiza la importancia de formarse y de trabajar con plataformas digitales. Emerge así un nuevo perfil docente que es mucho más que un simple modelo. Porque no solo supone un cambio en el trabajo, sino que su impacto es más holístico y profundo. Ya que apela a los valores, a las formas de ver y entender la escuela, la educación y la docencia, a los principios axiológicos que mueven y guían la acción. En definitiva, a los significados compartidos en torno al trabajo docente en la actualidad, que ahora se redefinen para satisfacer las expectativas y necesidades del capitalismo de plataformas.

Con esta actitud, el profesorado omite el impacto de las influencias sociales o administrativas sobre la adopción de las plataformas, y asume el proceso como propio, institucionalizando las narrativas digitales como sistemas de regulación de la actividad (Foucault, 1971). Con lo cual las plataformas acaban por imponerse y generalizarse como herramientas de uso cotidiano en los centros. Y es precisamente ahí donde reside su poder. Porque el control permanente y la continua vigilancia a la que los centros y el profesorado han sido sometidos tradicionalmente por el sistema ahora no solo se ejecutan por agencias o actores externos. Sino también por los propios docentes que interiorizan dicho sistema de control, que lo ejercen en su día a día, y que lo refuerzan y legitiman.

Esto conecta con el triunfo del paradigma de la flexibilidad, que reclama un sujeto docente flexible, entendido no solo como adaptable, sino también como moldeable. Tal y como argumenta Beck (2007), la irrupción de este paradigma implica un traspaso de responsabilidades y riesgos al propio individuo, transitando del modelo institucional o relacional, propio de la lógica clásica; a un nuevo modelo desregulado e individualizador, característico de la lógica post-fordista.

En este punto se produce la confluencia con el paradigma del individualismo, porque se responsabiliza al propio sujeto de la posición particular que ocupa en un escenario social marcadamente desigual. Abocándolo hacia una cultura del narcisismo eminentemente precaria (Lasch, 1999) que convierte al profesorado en un emprendedor responsable de escalar por el sistema meritocrático y de gobernarse a sí mismo de manera eficaz y competente. Así, se camufla como emprendimiento lo que no es más que la reproducción de la lógica imperante y la supeditación a las exigencias y demandas del mercado (Bedoya Hernández, 2018).

Esto remite una vez más a la articulación de dispositivos de autogobierno y, por tanto, a la autonomía. La cual, atendiendo a la información expuesta, constituye un mecanismo para camuflar la delegación y devolución de responsabilidades hacia los centros escolares y el profesorado. De esta forma, aunque las buenas prácticas responden al nuevo imaginario *soft* (Martín Hernández, 2015), transcurriendo a partir de formatos más livianos y ligeros, no deben entenderse de manera aislada o independiente. Sino que constituyen una pieza fundamental en la estrategia global de transformación. Dado que suman sinergias con otras políticas, al tiempo que las refuerzan. Políticas que pasan por instaurar nuevas formas desreguladas de gobierno, ahora ejercido desde la distancia, pero que actúan con un importante trasfondo recentralizador, mediante la instalación de mecanismos de control y de rendición de cuentas. Bien sea mediante controles de entrada, como el inventario TIC o las solicitudes de autorización para el uso de herramientas digitales; a través de controles de seguimiento, en las acciones cotidianas; y mediante controles de salida, como la memoria final de los centros. Aspectos que suelen gestionarse a través de las propias plataformas digitales.

Y con ello aumenta la burocracia y la carga de trabajo, que se difuminan y encubren bajo reivindicaciones sobre el liderazgo escolar de éxito (Day et al., 2020) y la profesionalidad docente de corte neoliberal (Molina-Pérez y Luengo Navas, 2020, 2021). Esto alude a lo expuesto por Žižek (2003) respecto a la "puesta en escena" de los fenómenos burocráticos, que, pese a la consciencia de sus limitaciones, se asumen como omnipotentes, desencadenando reacciones mediatizadas y reguladas por tales creencias. De manera que lo verdaderamente sustancial y con capacidad transformadora no es tanto el mecanismo en sí, como las prácticas y narrativas que moviliza.

Esto resulta evidente en la nomenclatura otorgada a la nueva lógica, calificada de post-burocrática. Si bien este término apunta a que la burocracia es un mecanismo superado, en realidad, se trata de un mecanismo optimizado y reforzado. Que ahora discurre de manera más sofisticada, pero que sigue plenamente vigente en el trabajo cotidiano de los centros, en forma de lo que podemos denominar como "tele-burocracia". Un modelo en el cual las plataformas digitales actúan como elemento centralizador de distintos fenómenos como la rendición de cuentas, la lógica de la calidad, o el control sobre el trabajo docente, permitiendo la extensión y el triunfo de la gobernanza uberizada.

A medida que las plataformas digitales van evolucionando, también la carga de trabajo aumenta. Y es precisamente la intensificación del trabajo lo que logra que el nuevo sistema de control permanente se produzca de manera efectiva, mediante la instauración de un sistema de responsabilización y devolución de poderes a los centros educativos y a sus profesionales como forma de control. Sometiendo el funcionamiento de la escuela a lo que Apple (2005) denomina como "*audit culture*", que consiste en la permanente rendición de cuentas. Ya que, continuamente, emergen nuevas tareas que intensifican el trabajo. Las cuales, a su vez, son ejecutadas a través de plataformas digitales, que operan como dispositivos de rendición de cuentas.

Las plataformas digitales, por tanto, generan un proceso cíclico que consolida el gobierno de los centros educativos desde la distancia. Donde el profesorado no solo es objeto de control, sino que pasa a ejecutarlo y a autoejecerlo él mismo, convirtiéndose en un sujeto autorregulado (Ball, 2003a, 2003b), por el potencial de estas herramientas para articular dispositivos de gubernamentalidad (Foucault, 1991). Esto desencadena una metamorfosis del profesorado mediante la cual, como expone Ordine (2013), son progresivamente "desposeídos de sus habituales vestimentas de docentes y forzados a ponerse las de gestores" (p. 79). Es decir, deben destinar tiempo y esfuerzos a nuevas tareas que trascienden, e incluso se alejan, de la esfera pedagógica, y que remiten a la gestión mecánica y la rendición de cuentas. A la racionalidad técnica expuesta por Habermas (2002), con claros efectos burocratizantes y precarizantes sobre el trabajo del profesorado. No solo porque suponen una intensificación del trabajo, sino también porque tecnifican al docente.

La información expuesta apunta a que la autonomía de los centros escolares constituye una práctica discursiva (Bolívar Botía, 2004) más que una realidad. Dado que se erige en una especie de "dar gato por liebre" (Angulo Rasco, 1994) que encubre la devolución de responsabilidades y que coloca a los centros escolares en una encrucijada que redunda en la privatización, la desigualdad y la desregulación. En este sentido, el sustrato de la uberización responde a un interés unificador y homogeneizador del trabajo en los centros escolares, vertebrado en torno a la combinación de las teorías clásicas sobre la organización, como el taylorismo y la burocracia, con nuevas formas y tecnologías gerenciales (Viñao, 2002), que provocan el progresivo avance hacia la gubernamentalidad, mediante la instalación de un nuevo *ethos* docente deseable y modélico en la escuela uberizada (Rodríguez Amaya, 2019).

5.2. LA UBERIZACIÓN DEL GOBIERNO DE LA ESCUELA: EL ARTE DE GOBERNAR SIN GOBIERNO

El planteamiento formulado en este capítulo evidencia que la desregulación inherente a la uberización provoca una difuminación de las estructuras, agencias y redes a través de las cuales se ejecuta el control, que ahora quedan difuminadas por el tamiz de la gobernanza de plataformas (Sánchez Ocaña, 2018). Este modelo trae aparejadas nuevas formas de trabajo y de regulación de las relaciones laborales basadas en la nueva cosmovisión de la "economía colaborativa virtual" (Aguirre Forero et al., 2018). De modo que el control, antes ejercido por las personas, ahora se ejerce desde las plataformas, pasando a ser ejecutado mediante los algoritmos digitales. Como argumentan Möhlmann y Zalmanson (2017), esto permite la monitorización absoluta de la conducta de los trabajadores, la evaluación constante de su desempeño y rendimiento, la implementación automática de decisiones por parte del algoritmo (sin intervención humana), la interacción "en plataforma", es decir, directamente con la herramienta tecnológica, o con personas pero a través de la plataforma, que actúa como elemento de intermediación; y el desconocimiento de los sistemas de funcionamiento de la plataforma por parte de quienes son gestionados mediante ella.

Pese a que las plataformas se presentan como dispositivos de desregulación, en realidad, ejecutan un control intenso sobre las personas, encubriendo la legitimación del viejo taylorismo (Noll, 2019), que ahora recibe nuevas nomenclaturas digitales cuya modernización no afecta ni a sus valores ni a sus cimientos. En este sentido, las plataformas digitales se convierten en mecanismos para ejercer el control desde la distancia (Galloway, 2004), actuando desde la ubicuidad, mediante la introducción de racionalidades de autogobierno y gubernamentalidad. Por lo que la denominada "revolución digital" encubre la gobernanza capitalista y el ejercicio de la evaluación y el control neoliberal, ahora invisibles y descentralizados.

Y con ello irrumpe un nuevo paradigma de vida, denominado como "panóptico digital" por Castells (2017) o "capitalismo de vigilancia" por Zuboff (2019). Un modelo en el que la información se centraliza, mientras que la comunicación se descentraliza y, consecuentemente, se fragmenta, se diversifica, se torna más compleja. Lo que genera la reconfiguración de las redes de poder y de control, ahora ejercidas a través de las herramientas digitales, al tiempo que intensifica la exclusión, la ruptura, la precarización. En definitiva, un mundo cada vez más interconectado, pero también más individualizado y fracturado. Una paradójica "aldea global" cada vez más circunscrita a la extensión de la zona wifi; en la cual las prácticas humanas apelan a la filosofía del *sharing* para aislar cada vez más a las personas incluso de sí mismas, ahora transparentadas por el férreo control de un algoritmo tan opaco como indescifrable. Aspectos que evidencian que las plataformas digitales son mucho más que meras herramientas (Morozov, 2017). Su asunción cotidiana transforma radicalmente las formas de vida humana, de manera que la privacidad y el anonimato de décadas anteriores son sustituidos por un exhibicionismo que transparenta al individuo (Han, 2013).

Acotando la mirada al gobierno de la escuela, las plataformas digitales propician que el sistema ya no requiera de fuertes brazos ejecutores externos, como en la anterior lógica. Puesto que cada docente constituye en sí mismo un brazo ejecutor, asumiendo, interiorizando y ejerciendo él mismo el control y la rendición de cuentas sobre su propio trabajo. La distopía orwelliana del Gran Hermano que nos vigila se convierte hoy en día en una realidad sublimada y llevada al máximo estadio. Puesto que cada individuo actúa como Gran Hermano de sí mismo. En base a lo expuesto, el trabajo con plataformas digitales no solo centraliza y permite la supervisión, sino que actúa en el terreno de lo que Martínez Pineda et al. (2015) denominan como regulación biopolítica, aludiendo a aquella situación en la que el profesorado:

> está transparentado y no se puede esconder. Ya no se necesita cámara en las aulas, se ha instalado una biopolítica que lo controla y lo transparenta. El maestro está situado en otro lugar, es un sujeto controlado: no lo habita la interrogación ni tiene tiempo para pensarse a sí mismo; es un sujeto desconocido que cada vez está siendo atrapado por otras cotidianidades que se imponen y que lo distancian de su condición. (p. 24)

Este fenómeno provoca el refuerzo del sistema de control, dado que el ejercicio personal permite que sea mucho más rápido y directo, y con ello más contundente y eficaz. Por tanto, aunque la lógica se presenta como desregulada, su trasfondo es puramente recentralizador. De manera que la prescripción, la imposición y el control se intensifican cada vez más, si bien se vuelven tan difusos y ubicuos como las propias plataformas a partir de las cuales se ejercen.

Toda la información expuesta evidencia que la "lógica de plataformas" anonimiza al tiempo que desmembra y fragmenta competencias y funciones, creando un sistema complejo en el que la anterior jaula de hierro es sustituida por una intrincada red de dispositivos de gobierno de los centros y del sistema educativo desde la distancia. Este modelo, finalmente, redunda en la atomización del sistema educativo, de la escuela, y del propio profesorado, ahora convertido en un sujeto atomizado, precarizado, reducido a un ejecutor técnico. Un sujeto que deja de ser un agente de análisis, reflexión, acción y transformación para convertirse en un mero gestor, autómata de la plataforma digital. Donde su toma de decisiones queda supeditada a cumplir con los aspectos técnicos dictados por la misma. Fenómenos que derivan en una profunda precarización del trabajo y del sujeto docente, inherente al propio capitalismo de plataformas. El cual, como expone Moruno (2018), instaura las geografías de la precariedad.

En definitiva, y tal y como es planteado por Rhodes (2005), este nuevo escenario apuesta por una manera de "gobernar sin gobierno", o de ejercer un gobierno en la sombra, camuflado. Un gobierno que emula el propio funcionamiento de las plataformas digitales, tan ubicuas como penetrantes e incisivas. Parafraseando la célebre cita de Marx y Engels (2015), la uberización provoca que un fantasma recorra Europa y el mundo entero: el fantasma del capitalismo de plataformas, y con él el de la precariedad. Fantasmas que permanecen errantes y que, por su ubicuidad e invisibilidad, logran penetrar en todas las esferas y dimensiones de la sociedad y de la vida. Incrustándose en las instituciones, como es el caso de la escuela, pero también en nuestra propia piel, en nuestra propia acción, en nuestro propio pensamiento, cual posesión espiritual que se adueña de nuestras vidas, cual triunfal mecanismo de revolución, como bien apuntara Huxley (2013) en la cita que abre este capítulo.

VI

LAS PLATAFORMAS DIGITALES: EL CABALLO DE TROYA EN LA CONQUISTA DE LA ORGANIZACIÓN ESCOLAR

6.1. LAS PLATAFORMAS DIGITALES: CABALLO DE TROYA DE LA REVOLUCIÓN DIGITAL

> Tienes que entender que la mayoría de ellos no están preparados para ser desactivados. Y muchos están tan habituados, dependen tanto del sistema, que lucharían para protegerlo.
>
> Morfeo. *Matrix* (Wachowski & Wachowski, 1999).

En los capítulos anteriores se ha puesto de manifiesto el profundo calado de la uberización sobre la organización de la escuela. Este fenómeno ha desencadenado una auténtica metamorfosis en la sociedad a nivel holístico, transformando sustantivamente el modelo mismo de vida. Lo que lleva a algunos autores a enunciar que el capitalismo de plataformas o *Uber Economy* no constituye una mutación del capitalismo neoliberal, sino directamente una nueva fase (Sennett, 2006). Incluso a proclamar el inicio de la deriva y del fin total del sistema capitalista en sí mismo (Harvey, 2014; Žižek, 2014). Con independencia del enfoque de interpretación, resulta innegable que la uberización está transformando de forma radical nuestras organizaciones, al tiempo que está propiciando la emergencia de nuevas geografías laborales y vitales sustantivamente distintas a las precedentes e intensamente marcadas por la precariedad (Butler, 2004; Lorey, 2016; Standing, 2014). Supone una auténtica revolución (Parker et al., 2017), que ha logrado superar con creces el calado de cualquier revolución anterior, tanto por lo que respecta a la velocidad de los cambios y al ritmo de penetración de los distintos artefactos como a la población afectada y al impacto global provocado (Coll y Ferrás, 2017).

Al hilo de las revoluciones, el refranero popular atribuye a Napoleón Bonaparte la célebre cita "una revolución es una idea tomada por bayonetas". Esta expresión alude explícitamente al carácter violento de estos procesos, que implican una acción sistemática y deliberada en la que se ejerce la fuerza y la coacción, con el objetivo de controlar e imponer una ideología, modelo o lógica determinada.

La manifestación más tangible de la violencia es la física, siendo esta la primera noción evocada por la mente humana ante este concepto. Sin embargo, la violencia va mucho más allá de lo físico. Como expuso Bourdieu (1999), la violencia también se manifiesta a través de la imposición de valores, representaciones y significados culturales. En este caso, se trata de una violencia simbólica en la cual la imposición no se ejerce tanto sobre los cuerpos humanos, sino sobre las mentes, a través de los símbolos, las estructuras sociales, las normas y creencias, y la propia identidad. Hasta el punto de que la dominación y la opresión que anteriormente eran ejercidas "cuerpo a cuerpo" ahora pasan a ser interiorizadas por el propio sujeto. Lo que constituye una forma mucho más sutil y sofisticada de ejercer la violencia y, por ende, mucho más efectiva. Porque es asumida, reproducida y legitimada por el propio sujeto oprimido, que se convierte en cómplice inconsciente del sistema de opresión.

Este concepto de violencia simbólica acuñado por Bourdieu (1999) conecta también con las propuestas de otros autores, como son: la disciplinarización de las subjetividades de Popkewitz (1994), la tecnología individualizante de poder posteriormente reconceptualizada como gubernamentalidad por Foucault (1991, 2008, 2009), la psicopolítica de Han (2021) o la ethopolítica de Rose (2012). Entre otros nombres que aluden a realidades en las que la opresión se desarrolla a partir de los referentes y los códigos culturales, que son asumidos, reproducidos y finalmente legitimados por los propios individuos.

La uberización entraña estos ejercicios simbólicos, instaurando un escenario de gran complejidad, donde el poder transcurre por distintas vías y cauces, y adopta múltiples formatos. Los cuales, en ocasiones, llegan a concebirse como contradictorios, precisamente porque la violencia simbólica clásica formulada por Bordieu (1999) convive con lo que podríamos denominar como violencia uberizada, relativa a la necesidad y el deseo emanados del fetichismo tecnológico, así como con otras formas de violencia.

En definitiva, un escenario en el que, parafraseando a De Sousa Santos (2003), se interrelaciona el ejercicio del "poder cósmico", que alude a la forma tradicional de poder, estructurada, centralizada y ejercida a través de canales y marcos formalmente establecidos, institucionalizados y burocratizados; con el del "poder caósmico", que se ejerce de forma desregulada e informal, a través de "múltiples microcentros de poder en secuencias caóticas sin límites pre-definidos" (p. 328). Tal y como el propio autor expone, tradicionalmente, tendemos a identificar y clasificar las constelaciones del poder reduciéndolas a sus aspectos cósmicos o caósmicos, presentando ambas dimensiones como antagónicas. Con ello, se atribuye la dimensión cósmica a la estructura tradicional; y la caósmica a la derivada de la infraestructura blanda de la gobernanza. Sin embargo, estas dimensiones no son excluyentes, sino que es precisamente la convivencia de ambas, y su hibridación, lo que permite difuminar las redes y relaciones de poder, consolidando y legitimando la lógica dominante, y protegiéndola de las resistencias y de las luchas externas. Ahora bien, ¿cómo opera este fenómeno en la reestructuración organizativa de la escuela? Seguidamente, trataremos de responder a esta pregunta.

6.1.1. La uberización de la escuela: entre los juegos cósmicos y caósmicos de poder

La uberización de la escuela refleja claramente la hibridación de las formas cósmicas y caósmicas del poder a las que alude De Sousa Santos (2003). Porque, si bien la irrupción de la gobernanza ha dado entrada a una gran diversidad de actores y agencias, la Administración Educativa, aunque atomizada y fragmentada, continúa desempeñando un papel fundamental en la gestación de las políticas educativas. Lo que concuerda con lo expuesto por Weiss (1997) respecto a la falacia o el mito sobre el Estado impotente, que no implica el fracaso de este, sino una reconversión para asegurar su supervivencia en un mundo donde la flexibilidad y la liquidez se convierten en nuevos astros reyes de la actual cosmología del poder.

Pese a la irrupción de actores diversos y pese a la atomización del Estado-Administración en microunidades fragmentadas, la actual lógica organizativa no implica el fin de la dimensión cósmica, la supresión de la estructura formal, sino una compleja mutación de la misma. Continúa existiendo una estructura organizativa. Si bien esta abandona la lógica piramidal tradicional, según la cual cada elemento se encontraba bien definido a nivel jerárquico, y sus funciones eran claras y delimitadas; para complejizarse y enredarse dando lugar a una intrincada maraña o red. En la cual se establecen relaciones complejas entre los distintos agentes y organismos, y donde el poder, canalizado mediante las plataformas digitales, se difumina al tiempo que se torna ubicuo, complicando así el rastreo de sus fuentes e hilos.

En este sentido, la uberización transforma el sistema de poder ejercido en los centros escolares mediante tres elementos (Sennett, 2000): la reinvención discontinua de las instituciones (concibiendo los centros como unidades de cambio y de mejora, en un sentido restringido), la especialización flexible de la producción (mediante la fragmentación de las tareas del profesorado y sus roles), y la concentración sin centralización de poder (cambio como delegación de poderes para el autogobierno).

Como ya se ha expuesto en capítulos previos, las plataformas digitales instauran y legitiman el gobierno de los centros escolares desde la distancia, a través de microrreformas entronizadas como elementos de innovación educativa y como "buenas prácticas", ejecutadas mediante políticas de gobernanza que laminan progresivamente el poder de la institución escolar y de sus agentes. Si bien el origen de este cambio de lógica de gobierno es anterior a la irrupción de las plataformas, estas contribuyen en alto grado a la intensificación y consolidación de estos fenómenos. Porque, dada su ubicuidad, permiten ejercer el gobierno en la distancia mediante la instalación de dispositivos y racionalidades de autogobierno que regulan y disciplinan la actividad de los individuos, legitimando la gobernanza y la desregulación. Lo que provoca transformaciones, principalmente, en tres ámbitos del gobierno del centro escolar: la autonomía, las redes de control y de poder y las formas de gobierno.

Con relación a la autonomía, en el capítulo quinto ha quedado patente que esta opera como una "falsa autonomía" que encubre la devolución de poderes a los centros educativos y la responsabilización del profesorado como formas de control, instalando la *audit culture*

(Apple, 2005) y la cultura de la performatividad (Ball, 2007), que sustituyen la regulación formal por nuevas formas de gobierno blandas y desreguladas. Las cuales, sin embargo, operan con un importante trasfondo recentralizador.

La desregulación supone el triunfo de la gobernanza, que provoca la atomización de la estructura organizativa clásica y de la propia Administración Educativa, al tiempo que difumina y redefine las redes, los cauces y las agencias a través de los cuales se ejercen el control y el poder. Destacando entre ellas la Inspección Educativa, que experimenta un auténtico proceso de metamorfosis, ejerciendo el control desde la distancia, a través de formas telemáticas que consolidan la teleburocracia.

De este modo, se desencadena una transformación holística sobre la lógica organizativa del sistema educativo. Y es precisamente la proliferación de tareas burocráticas y el desplazamiento del foco de vigilancia desde los mecanismos tradicionales hasta el propio profesorado donde reside el éxito de la transformación, en base a la articulación de dispositivos de gubernamentalidad que disciplinan la conducta del profesorado.

En una realidad en la que la Administración Educativa resulta cada vez más difícil de identificar, en la que la gobernanza ha diluido los actores y formatos tradicionales a partir de los que se ejerce el control hasta prácticamente invisibilizarlos; el profesorado y la Administración caminan, más que nunca, a la par. Porque constituyen hilos de una misma red en la que, como indica Alonso (2002, p. 2), "el control duro –racionalista– [...] es rematado por un control suave –pero por eso más efectivo– de un [sistema] que se ha vuelto autorreferencia y espejo multiplicador de sí mismo".

Este nuevo sistema en red dinamita la clásica cadena fordista para sustituir el orden por la vorágine, la estructura por la difuminación, la certeza por la incertidumbre. Dando luz a una nueva lógica que, pese a su novedad, conserva el control y el sometimiento de la anterior, ahora reforzados e intensificados, autoejercidos por el propio individuo, en un neo-fordismo más intenso y radical, que disciplina las subjetividades hasta atomizarlas. Un proceso que hemos tratado de representar en la figura siguiente.

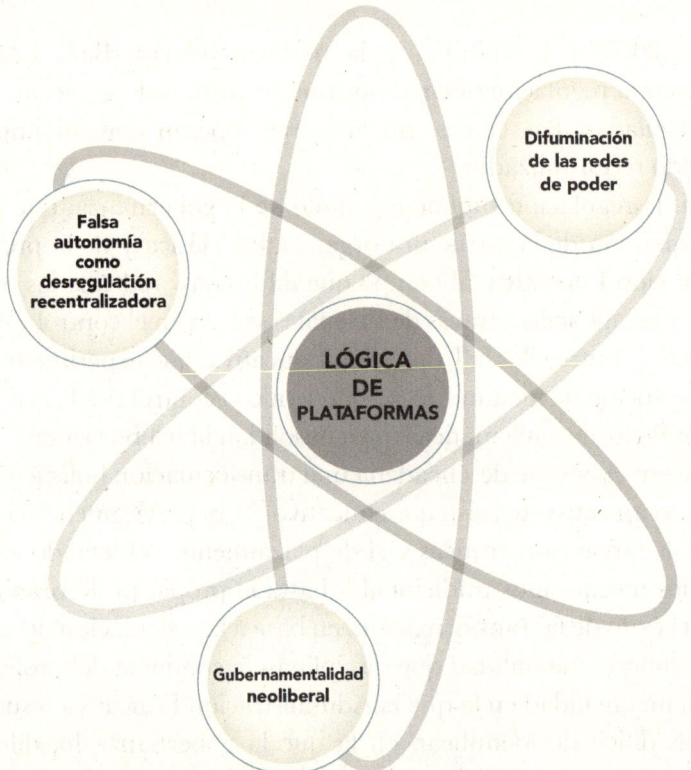

Fig. 22. *Atomización del control, del poder y del sujeto docente*

Considerando esta realidad nos preguntamos: ¿en qué consiste esta atomización?, ¿cómo opera sobre el profesorado? Al hilo de la definición de la "tecnología individualizante de poder", que progresivamente fraguaría en la noción de gubernamentalidad; defiende Foucault (1991) que son las banalidades y futilidades cotidianas las que acaban por provocar transformaciones profundas y sustantivas en las redes de poder y, consecuentemente, en la vida humana. Precisamente porque su sutileza logra ocultar los juegos de poder y de control que a partir de ellas se entretejen.

Lejos de suscitar cualquier tipo de oposición o cuestionamiento, van siendo asumidas de forma natural, calando progresivamente en los individuos e incrustándose en sus pautas de acción, interacción y pensamiento. Un fenómeno al que el citado autor (2009) denomina como biopolítica o como anatomía política, enfatizando la capacidad de estos mecanismos para penetrar en la acción humana, anatomizando a los individuos. Y en el cual profundizaremos seguidamente.

6.1.2. El postpanóptico de la escuela uberizada: la disciplinarización ubicua de las subjetividades docentes

Las plataformas digitales disciplinan el comportamiento del profesorado no solo porque logran anatomizar al sujeto, en el sentido en que provocan transformaciones sustantivas en sus prácticas y en las narrativas que manejan. Sino porque van un paso más allá respecto a los mecanismos postburocráticos, ya que también consiguen atomizarlo y sumirlo en una espiral de incertidumbre y transformación que les lleva no solo a aceptar el control, sino a autoejercelo.

Profundizando en este fenómeno, e inspirado por los planteamientos de Bentham (2017), Foucault (1980) evoca al ojo del poder, recuperando el concepto de panóptico carcelario y extrapolándolo a otro tipo de instituciones para ilustrar el fenómeno de disciplinarización de las subjetividades en el cual los individuos, aunque no consigan vislumbrar las agencias o agentes de control, se saben sometidos a una vigilancia permanente y omnipresente. Esta red de vigilancias y disciplinas provoca que los sujetos acaben interiorizando el control y autoejerciéndolo en su conducta.

Focalizando la atención en el sistema educativo, el propio autor (Foucault, 1991, 1998) alude a la articulación de dispositivos de gobierno en la distancia y de racionalidades de autogobierno en las escuelas, donde el control se ejerce y opera en base a mallas de poder. Las cuales logran situar a cada uno de los miembros de la organización en una posición concreta, a través de la asignación de roles y funciones determinadas que disciplinan su conducta.

Las plataformas digitales no solo refuerzan el régimen panóptico, sino que lo trascienden, instalando el postpanóptico (Bauman, 2003; Castells, 2017). En el cual el control y el poder es ejercido por parte del propio profesorado incluso sin ser consciente de ello o sin que pueda identificarse el ejercicio del control, en un sistema en el que "cada uno es panóptico de sí mismo" (Han, 2021, p. 35). En este sentido, estos artefactos articulan dispositivos que favorecen el control ubicuo. Entendiendo el concepto de dispositivo en el sentido propuesto por Foucault (1984). Es decir, como redes que se tejen entre las regulaciones, los discursos, las prácticas, y los principios científicos, filosóficos y morales que operan en una institución y sobre sus agentes, y que se enmarcan en una relación de poder.

Como expone Deleuze (1990), el dispositivo puede concebirse como una especie de ovillo o malla articuladora de redes formadas por haces y líneas de fuerza de distinta índole que se entretejen generando a su vez nuevas redes relacionales. Con ello, el dispositivo no solo refleja las relaciones de poder, sino que también las orienta, las define, las moldea y en cierto modo las determina (Agamben, 2011), actuando en un doble plano. A través de este sistema, se instaura una nueva lógica de gubernamentalidad en el centro escolar que es asumida y vivida por los docentes de dos formas distintas: como sistema disciplinario (Foucault, 1998) y como sistema de motivación y deseo (Foucault, 2001).

Como sistema disciplinario, se produce la mutación del sistema de regulación en base a la instalación de las distintas plataformas digitales institucionales, a través de las cuales se ejecutan las memorias anuales y los Planes de Mejora, y desarrollan sus tareas los nuevos perfiles y cargos del centro escolar (Coordinador TIC, Coordinador de Formación, etc.). Pero, por otro lado, también se implementa un sistema de incentivos acorde a la gobernanza y a su potencial de seducción mediante la puesta en práctica de proyectos de innovación, el reconocimiento social como centros de "buenas prácticas", la concesión de premios, etc. Modelos que coexisten en la escuela actual y que legitiman su gobierno en la distancia.

Además de articular dispositivos, las plataformas digitales también refuerzan y legitiman otros ya existentes, como la instauración del discurso de la calidad o del *accountability*, creando con ello nuevas redes que reconfiguran por completo la institución escolar. Por lo que podemos concluir que el pretendido gobierno autónomo de los centros educativos no es más que una falacia. Ya que las plataformas consiguen camuflar el control y la intensificación y precarización del trabajo a base de discursos que enfatizan su potencial modernizador y optimizador como elementos eficaces para el trabajo docente, y cuyo discurso se repite en todas las esferas.

Atendiendo a la información expuesta, resulta interesante "rescatar" una de las citas más célebres de Thatcher (Butt, 1981) ya anunciada anteriormente. Quien, en el esplendor de su éxito político, reivindicaba que *"Economics are the method; the object is to change the heart and soul"*[1]. Esta declaración de intenciones visibiliza que la transformación del modelo social implica mucho más que un cambio de formato, ya que apela directamente "al alma", es decir, al terreno de las subjetividades. Siguiendo tales planteamientos, autores como Foucault (2009) o Laval y Dardot (2013) aluden al cambio de lógica organizativa como una transformación sobre el gobierno de las almas, en base al surgimiento de la gubernamentalidad, que constituye una tecnología de gobierno pero también una tecnología del yo, que reduce y cercena las subjetividades hasta reducirlas y subyugarlas a la nueva lógica. De esta forma, la uberización actúa a la vez como ideología, como discurso y como política. Y estos modelos se refuerzan y legitiman recíprocamente, a partir de la construcción y difusión del discurso neoliberal.

A la luz de lo expuesto, el *dictum* de Thatcher podría reinterpretarse afirmando que las plataformas son el método que permite alcanzar el objetivo de transformar la subjetividad del profesorado (y de la ciudadanía en su conjunto), porque no solo actúan en el plano de lo prescriptivo, sino también en el terreno de lo subjetivo. Las plataformas digitales propician la irrupción y eclosión de lo precario, la producción de nuevos sujetos neoliberales que interiorizan la precarización y la alienación quedando atrapados en una espiral de autoexplotación (Ibáñez, 1994). Un fenómeno que, como señala Durand (2004), constituye el triunfo de la servidumbre voluntaria, objetivo máximo de toda revolución, pero que queda opacado, camuflado, por el fulgor digital de las plataformas, que logran erigirse como una especie de arma de seducción masiva de la revolución Uber, tal y como detallaremos a continuación.

---

[1]   Traducción al castellano: "La economía es el método; el objetivo es cambiar el corazón y el alma".

6.2. LAS PLATAFORMAS DIGITALES: ARMA DE SEDUCCIÓN MASIVA EN LA *UBER REVOLUTION*

Con relación a los "espejismos" que muchas veces emergen en el sistema educativo, Angulo Rasco (1992) utilizaba la metáfora del Caballo de Troya para ilustrar la forma en la que opera el discurso de la calidad neoliberal que encubre sus efectos mercantilizadores apelando a la mejora. En alusión a esta metáfora, podemos afirmar que la uberización de la escuela viene constituyendo el caballo de batalla del capitalismo de plataformas. Sin embargo, existen muchas formas de utilizar un caballo para la batalla, tantas como maneras de guerrear. Su finalidad clásica es el asalto directo y explícito; emulando a la bayoneta evocada por Napoleón. Un enfoque que se ajusta con la lógica de gobierno clásica de la escuela, basada en una estructura jerárquica y formal, claramente explicitada. Pero las plataformas digitales provocan una redefinición holística de la vida y de todas sus dimensiones, incluidas las formas de hacer la guerra y de ejercer el control y el poder (Castells, 2001). Es por ello que, en un escenario caracterizado por la desregulación y la gobernanza, el caballo de batalla actúa de manera más velada, más difusa, más ubicua.

En atención a estos fenómenos, tal y como ya expusiera Tzu en su célebre *El arte de la guerra* (Kaufman, 2000), en ocasiones, la victoria proviene más de la táctica y de la sofisticación de la estrategia que no de la contundencia. Por lo cual el verdadero triunfo reside en derribar la resistencia del enemigo sin luchar directamente, sin presentar batalla de forma clara. El citado autor plantea que, incluso en aquellos casos en los que la fuerza del adversario es superior a la propia, es posible alcanzar el triunfo mediante juegos performativos de exhibición de poder y a través de la fragmentación y división de los recursos del oponente. Una estrategia que resume de la forma siguiente:

> La victoria más impresionante es aquella en la que no se utiliza la fuerza. Pocos serán los que se darán cuenta de que ha ocurrido algo hasta que sea demasiado tarde y generalmente aceptarán los cambios como correctos bajo el Cielo. (Kaufman, 2000, p. 24)

Esta visión concuerda con la importancia de las futilidades anteriormente mencionadas, siendo un fenómeno claramente visible en el proceso de implementación de las plataformas digitales. Ya que es precisamente su asunción cotidiana y la intensa fragmentación que generan, lo que provoca que, de forma progresiva e inconsciente, sean capaces de ejecutar la "estocada final" que propicie el triunfo de la lógica de la desregulación y la gobernanza neoliberal. Un fenómeno que, pese a su calado, resulta incapaz de detectar y de intuir, o al menos incapaz de resistir.

Estos artefactos se erigen como importantes dispositivos para el ejercicio del gobierno de los centros educativos desde la distancia y para la articulación de racionalidades de autogobierno y gubernamentalidad entre el profesorado. Actuando como aquel Caballo de Troya cuyo éxito no residió en la conquista del territorio, sino del alma del adversario; no en un despliegue de fuerza bruta sino en una estrategia de ingenio y tecnología que logró camuflar el ataque como presente y ofrenda.

Atendiendo a estos aspectos, concluimos que la aceptación del gobierno a través de plataformas digitales supone el triunfo de la batalla por la conquista de las almas. Porque, reinterpretando la célebre cita de Thatcher (Butt, 1981), entraña la colonización del alma del profesorado, por su carácter "invasivo", no exento de tensiones, complejidad y violencia simbólica. La introducción de plataformas digitales en los centros escolares legitima la lógica de la gobernanza neoliberal, a la vez que es deudora de esta. De forma que entre las dos se establece un proceso cíclico y convergente cuyo resultado es el refuerzo y la legitimación de ambas, la fusión de la ideología neoliberal y la digital como forma sublime de libertad ilustrada (Cancela, 2019) y, consecuentemente, el triunfo de la revolución del nuevo capitalismo de plataformas.

Volviendo a las revoluciones, y en atención a la información expuesta, podríamos decir que la uberización no es una revolución "a la antigua usanza" como la anteriormente reivindicada por Napoleón. Sino una revolución tejida a través de complejos y sutiles juegos de violencia simbólica. Pero, además, la uberización también trasciende la noción clásica de revolución simbólica, porque en este caso la dominación no solo es inconscientemente asumida, sino que también es deseada por el propio sujeto.

En esta era en la que Google se ha convertido en el nuevo César (Vaidhyanathan, 2011), las redes sociales y las plataformas y aplicaciones digitales constituyen el nuevo *panem et circenses*, el nuevo opio del pueblo, ahora renovado y reconvertido en las ya populares reivindicaciones de "sofá, manta y Netflix", o "¿Tienes hambre? ¡Pide Uber!". En este sentido, la uberización constituye una revolución en la que el poder no nace de la prohibición o de la represión, sino que alude a la producción de "cosas, induce placer, forma saber, produce discursos" (Foucault, 2001, p. 148); un poder que se nutre de la seducción y del deseo (Ramonet, 2000), en el marco de una psicopolítica que logra que las personas se sometan por sí mismas al entramado de dominación.

En definitiva, las plataformas se erigen como una especie de "arma" de seducción masiva, que resulta mucho más eficaz que cualquier bayoneta o misil. La uberización crea una ilusión tejida a partir de la fascinación digital que, cual traje del emperador, consigue someter al individuo a través de la seducción de la aparente novedad. Lo que impide que este sea capaz de detectar que se encuentra plenamente transparentado por la plataforma (Han, 2013), al tiempo que logra despojarlo de toda posibilidad de espacio, de encuentro, de diálogo, de reflexión, de identidad.

Este fenómeno desubjetiva y precariza al profesorado (Inés Araujo, 2017). Lo cual no solo constituye una paradoja, al presentar como innovación lo que en realidad constituye una restauración de enfoques técnicos. Sino que también supone una deslegitimación de la institución escolar y de la propia figura docente, tal y como le aconteció al emperador de la fábula cuando el engaño de sus nuevas vestiduras logró ser revelado. Una deslegitimación que, sin embargo, no es percibida como tal ni por el propio profesorado, ni por la sociedad. Y es precisamente este fenómeno el responsable de la transformación holística de la escuela y del trabajo docente. Puesto que, más allá de provocar trasformaciones estructurales y técnicas, redunda en transformaciones profundas del significado de su trabajo e identidad. Sublimando las formas caósmicas de poder hasta llegar a ser anheladas por el propio profesorado, precisamente porque el trabajo con plataformas digitales se concibe como rasgo característico del nuevo *ethos* docente deseable.

Al hilo del moldeamiento de la subjetividad, resulta ilustrativo rescatar la Matrix de las hermanas Wachowsky, ya aludida en capítulos previos y con la que también iniciábamos este último. Un "elemento" tan seductor como alienante, con capacidad para cercenar las voluntades humanas y la propia consciencia. Un "elemento" que torna a los seres humanos en individuos incapaces de detectar su soberanía arrebatada, seguros de conservar una identidad que hace mucho tiempo perdieron. Esto plantea un escenario en el que, como señala Morfeo, las personas no son capaces de vivir fuera de la **Matrix**. Así como tampoco eran capaces de vivir de espaldas al **Gran Hermano** los habitantes del 1984 de Orwell con quienes iniciábamos este libro. Posición en la que también se encuentra la escuela (y la sociedad) actual, incapaz de escapar de la **uberización**. Precisamente porque todos estos "elementos" que hemos destacado en negrita entrañan un potencial tan profundo y holístico que han dejado de ser "elementos" para erigirse en "mundo", en "realidad" absoluta, en la única alternativa concebida como posible y deseable, porque en ella recae y reside todo el poder de la hegemonía. Hasta el punto que no estamos preparados para desactivar la Matrix, ni tampoco para apagar la telepantalla, o para desconectarnos de la plataforma digital.

Estamos tan poderosamente seducidos por la uberización que no estamos dispuestos, bajo ningún concepto, a dejar de suscribirnos, ni tampoco de cliquear, *likear, favoritear* o *stremear* en un sinfín de plataformas digitales, apelando a la "excusa" de la innovación docente. Verbos que, pese a ser neologismos, constituyen acciones cada vez más cotidianas y que evidencian cómo nos sometemos por nosotros mismos al entramado de dominación.

Pero no solo consumimos uberización, sino que también la producimos. Ya que, voluntaria y felizmente, decidimos exponer nuestras vidas ante el Gran Hermano Digital (Han, 2014), y nos convertimos en *community managers educativos*, en EduTubers, en *influencers* educativos y en *TeachTokers*, cosificándonos, mercantilizando nuestra identidad y nuestro ser. En definitiva, volviéndonos tan precarios como la propia uberización, como el propio capitalismo de plataformas. Siendo así coherentes con una sociedad en la que las plataformas digitales se convierten cada vez más en una tecnología para gobernarnos a todos, para monitorizarnos, localizarnos, seducirnos y encadenar nuestras voluntades y nuestras vidas, volviéndonos tan felizmente dependientes como los personajes de la cita que abría este capítulo.

Hoy más que nunca, pero posiblemente menos que mañana, el Gran Hermano te vigila, la Matrix te posee, la Uberización eres tú. Y la escuela, como organización social y como agencia productora de subjetividades, constituye una pieza clave en el engranaje de la reproducción social. Pero también puede y debe alzarse como bastión de transformación, de cuestionamiento de las estructuras y de las redes de poder, como espacio de contra-hegemonía, de resignificación de la realidad y de la vida, en definitiva, de emancipación humana individual y colectiva (De Sousa Santos, 2019; Freire, 2002). Ante este escenario, tan complejo como contradictorio, conviene evocar otra película, *Descifrando Enigma*, y una de las citas que en ella se recogen, atribuidas al célebre matemático Alan Turing: "sólo podemos ver un poco del futuro, pero lo suficiente para saber que hay mucho por hacer" (Tyldum, 2014). *Así que dejen sus teclados... y manos a la obra.*

APAGAR Y
DESCONECTAR

EPÍLOGO-MANIFIESTO:
LA ESCUELA NO ES UNA *APP STORE*.
LA RESISTENCIA DE LA ORGANIZACIÓN ESCOLAR
ANTE LA *UBER ECONOMY*

> Lo hemos visto con las grandes revoluciones tecnológicas del pasado. Cada revolución tecnológica ha sido más rápida, y ésta será la más rápida con diferencia. Esa es la parte que me parece un poco aterradora, la velocidad a la que la sociedad va a tener que adaptarse, y el cambio del mercado laboral.[1]
>
> *Sam Altman, CEO de OpenAI* (Gates, 2024).

Como defiende San Martín Alonso (1995), las tecnologías digitales, y entre ellas las plataformas digitales, constituyen una tecnología muy especial. Ya que se erigen, a la vez, como producto y como mecanismo reproductor de la lógica subyacente a las mismas. En este sentido, no solo contribuyen a mantener lo que en el presente libro se viene denominando como "uberización", "lógica de plataformas", o "plataformización"; sino que la legitiman a nivel social presentándola como el modelo óptimo y deseable.

Partiendo de esta premisa, hemos concluido que la uberización entraña una auténtica revolución de la sociedad en general. La cual afecta especialmente a la esfera educativa y a la escuela, por su condición de agencia productora de subjetividades. Al hilo de las revoluciones, plantea

---

[1] Traducido del original: "We've seen that with the great technological revolutions of the past. Each technological revolution has gotten faster, and this will be the fastest by far. That's the part that I find potentially a little scary, is the speed with which society is going to have to adapt, and that the labour market will change".

Esteve Zarazaga (2003) que las más eficaces en la escuela, aquellas que resisten el paso del tiempo, son las que discurren de manera silenciosa. Es decir, las que, pese a auspiciarse a nivel externo, no se acometen por imposición. Sino que trascurren mediante un cambio progresivo de la mentalidad del profesorado. Quien, paulatinamente, va extendiendo dichos planteamientos a sus creencias, a sus prácticas, a sus pautas de acción e interacción y a los formatos de relación. Hasta que terminan por incrustarse en el entramado organizativo y en la cultura del centro escolar. Y, por tanto, en el propio trabajo, identidad y subjetividad del profesorado.

Como hemos tratado de clarificar a lo largo de este libro, la revolución propiciada por la introducción de las plataformas digitales en la escuela se ajusta a estas características, ya que es fruto de la apropiación progresiva del tecnodiscurso que reina en el panorama social. En el cual, en las últimas décadas, han sido asumidas de manera generalizada las narrativas y representaciones positivas de las tecnologías digitales y, últimamente, de las plataformas que dado su nivel de sofisticación y ubicuidad se convierten en el máximo exponente del impacto digital en nuestras vidas.

A partir de lo expuesto mantenemos que la irrupción del capitalismo de plataformas supone la ola transformadora más potente en la historia de la humanidad hasta el momento actual. Acotando la mirada a la escuela, se observa que las plataformas digitales constituyen elementos cada vez más generalizados y cotidianos. Y han llegado para instalarse e incrustarse en su cultura, para "apoderarse" de la organización escolar, protagonizando también una transformación holística de la esfera educativa. Al menos hasta que una nueva tecnología, más sofisticada todavía, logre sustituirlas.

Esta proyección hacia el futuro que venimos enfatizando constituye un rasgo inherente al tecnodiscurso y se ha erigido como principio vertebrador de la actual escuela de las plataformas. Sin embargo, en una era caracterizada por la comprensión del tiempo y del espacio, nos situamos cada vez más en un futuro que ya ha llegado. Pero que, pese a ello, continúa en permanente cambio y evolución.

La revolución de las tecnologías digitales no es solo una revolución silenciosa, sino también una revolución invisible y ubicua, que se torna incapaz de detectar. Partiendo de esta premisa, no podemos saber si dentro de unos años la escuela uberizada que aquí estamos conceptualizando será un vestigio de un pasado reciente pero ya obsoleto, como lo son cada vez más en la actualidad las aulas de informática que tan novedosas parecían hace apenas dos décadas. Desconocemos si a través de acusaciones de desfase y nuevas pretensiones de modernidad e innovación asistiremos a un nuevo cambio de modelo. Pero, partiendo de la concepción de la escuela como reflejo y espejo de la realidad social, es la propia sociedad la que puede ayudarnos a despejar esta incógnita.

Si dirigimos la mirada a ella y a nuestra vida cotidiana observaremos que, progresivamente, la Inteligencia Artificial (*de aquí en adelante* IA) va cobrando cada vez más presencia y protagonismo en nuestras vidas, incluso sin que seamos conscientes de ello. Cuando seleccionamos uno de los programas sugeridos por las lavadoras inteligentes hacemos uso de la IA; cuando preguntamos a Siri o a Alexa estamos usando IA; cuando optamos por la "conducción inteligente" nos dejamos llevar por la IA; y también cuando utilizamos traductores en línea, cuando "hablamos" con un Chatbot de atención al cliente, cuando usamos el etiquetado automático en las redes sociales, cuando "experimentamos" con filtros fotográficos, o cuando dejamos que plataformas como Netflix, Amazon o Spotify nos sugieran contenidos basándose en nuestros "intereses" o, más concretamente, en un algoritmo de inteligencia artificial.

La naturalización de estas acciones evidencia que ya estamos transitando hacia lo que podríamos denominar como "capitalismo IA", y que entrañará una sofisticación y sublimación todavía mayor de las transformaciones, de su velocidad y de su calado. Fenómenos que ya anticipa Sam Altman, CEO de OpenAI y creador de ChatGPT, y que se reflejan en la cita que abre este capítulo, procedente de un diálogo con Bill Gates en su famoso podcast *Unconfuse me with Bill Gates*. En ella, Altman focaliza la atención en los cambios en el mercado laboral. Los cuales, como señalábamos en la introducción del presente libro, siempre constituyen el origen de las mutaciones del modelo capitalista. Pero estos cambios no solo transforman las formas de producir sino también las formas de consumir, tan íntimamente relacionadas. Y esto, en un modelo de base consumista como el capitalista, es lo que provoca un cambio global, al moldear y transformar los comportamientos y, finalmente, los valores, las creencias, los significados y la propia identidad.

El mundo del trabajo actual ya está plenamente uberizado, tal y como se ha descrito en la introducción de este libro. Y, de manera paulatina, también se irá vertebrando en torno al uso de la Inteligencia Artificial. Al hilo de estas transformaciones, ruego ahora al lector o lectora disculpe mi atrevimiento de tomar la palabra en primera persona del singular, en el marco de este epílogo menos formal, para traer al caso una anécdota de mi vida personal que puede resultar ilustrativa y pertinente en este punto de cierre de nuestro relato.

Hace un par de meses fui junto a mi madre a un conocido centro comercial de la ciudad de València. Un espacio que otrora fue bastión por excelencia de la lógica capitalista clásica, y que también sirvió como metáfora para explicar el modelo de organización escolar característico de aquella etapa, como bien exponen Powell et al. (1986). Lo primero que nos llamó la atención al recorrer el centro comercial fue el elevado número de tiendas que habían bajado su persiana definitivamente, y los numerosos anuncios de "disponible" que ahora ocupaban el espacio de lo que hasta no hace mucho eran hervideros de gente y de consumo. Sin lugar a dudas, indicios de la decadencia del capitalismo fordista, que cada vez es más sustituido por el capitalismo de plataformas. No obstante, dejando estas interesantes cuestiones al margen, me tomaré la licencia de relatar una escena que tuvo lugar en una de las pocas tiendas que todavía permanecía abierta y operativa, y que transcurre en tres actos.

El primero de ellos aconteció cuando mi madre localizó un artículo que le interesaba. Inmediatamente, buscamos si la talla estaba disponible, pero no la encontramos, por lo que decidimos preguntar a una dependienta. Cuando le indicamos lo que nos interesaba, sin mediar palabra, extrajo un dispositivo digital y leyó el código del artículo. Luego, hizo unas comprobaciones y nos informó de que no había *stock* disponible en tienda, pero sí que se podría adquirir el producto online, como nos mostró en una tableta digital. Tras ello, nos animó a descargar su *app*, registrarnos y hacer la compra a través de la plataforma, informándonos de que el producto le llegaría directamente al domicilio.

El segundo acto tuvo lugar un momento después cuando, finalmente, decidimos comprar uno de los artículos que sí que estaban disponibles en la tienda física, tras probárselo y comprobar que, efectivamente, era de nuestro agrado. Al llegar a la caja, la dependienta le ofreció el datafono a mi madre. Quién, reticente y resistente todavía a abandonar las monedas por los bits, es decir, el dinero físico por el virtual (antes materializado en una tarjeta física y ahora ya directamente en una aplicación del *Smartphone*), informó de que iba a pagar en efectivo. Cuando la cajera le comunicó el importe, mi madre le preguntó si quería una moneda de 5 céntimos. A lo cual la empleada respondió que no lo sabía. Mi madre contestó rápidamente: *"¿Cómo que no lo sabes?"*. Y la dependienta le respondió: *"No lo sé. Yo solo me limito a teclear lo que usted me da, y luego miro en la pantalla qué es lo que tengo que devolverle. Es que yo no pienso"*. Ante tamaña afirmación mi madre no pudo evitar contraargumentar: *"¿Cómo que no piensas? Pues tienes que pensar. Es necesario pensar. Si no mal vamos, te lo digo de verdad. ¡Mal vamos!"*. Reivindicación que solo halló una sucinta y dubitativa respuesta por parte de la dependienta: *"Bueno..."*.

El acto final de esta historia tiene lugar dos semanas después, cuando fuimos nuevamente a la tienda a comprar el mismo artículo en un color distinto y... ¡sorpresa! La dependienta "no pensante" había desaparecido. En su lugar, nos daba la bienvenida una caja de autocobro, iluminada con luces LED y presidida por un rótulo *aesthetic* en el que se podía leer "PAY&GO", es decir, "paga y listo" o "paga y vete", según el *mood* en el que te encuentres. En definitiva, lo mismo que cuando había una cajera, a la cual pagabas y luego te marchabas de la tienda. Pero ahora sin cajera. Con la consecuente precarización para ella, que ha perdido su trabajo. Y también para ti, que debes hacer "felizmente" el trabajo que antes hacía ella, porque eres una emprendedora y porque el *Do It Yourself* es lo más *cool*.

Este hecho cotidiano es solamente una muestra más de la profunda degradación existente en el mundo laboral, del cual el trabajo docente también forma parte. Una degradación que en la introducción enunciábamos como la crónica de una transformación anunciada. Pero que, reinterpretando a García Márquez (1981), también podríamos calificar directamente de "muerte anunciada", porque no es solo una mutación sino una destrucción. No obstante, como venimos señalando, el impacto en el trabajo es solo la antesala de una mutación mucho más amplia, la de la forma de vida humana, y la del propio sujeto en sí mismo. Lo cual ya se intuye en ese desdén, o incluso en la negación de la cajera anteriormente mencionada al "pensar", y que De Sousa Santos (2010) calificaría de "epistemicidio".

En una sociedad en la que las personas dejan cada vez más de pensar, de cuestionar, de reflexionar, de aprender, de hacer las actividades más complejas pero también las más triviales por sí mismos... las plataformas digitales primero, y ahora cada vez más la Inteligencia Artificial, se afanan por cubrir estos vacíos desocupados por la humanidad.

Llegados a este punto, nos preguntamos: si el ser humano actual es cada vez un sujeto no solo más precarizado, sino también más precario; si las tecnologías digitales van conquistando cada vez más "vacíos" libremente ofrendados por las personas, ¿qué futuro le espera a la humanidad? O, en otras palabras, ¿cómo será el ser humano del futuro? Se trata de una respuesta de gran complejidad, por lo que recurriremos a lo que se presenta como una "herramienta" para ayudar a encontrar respuestas a tareas complicadas: la Inteligencia Artificial generativa. Concretamente, a través del uso de Microsoft Copilot, la alternativa de Microsoft a ChatGPT, que en su nombre se nos "ofrece" como una ayuda, un copiloto. Ante el *prompt* "Crea una imagen de cómo te imaginas que será el ser humano en el futuro", Copilot nos muestra las alternativas recogidas en la figura que sigue.

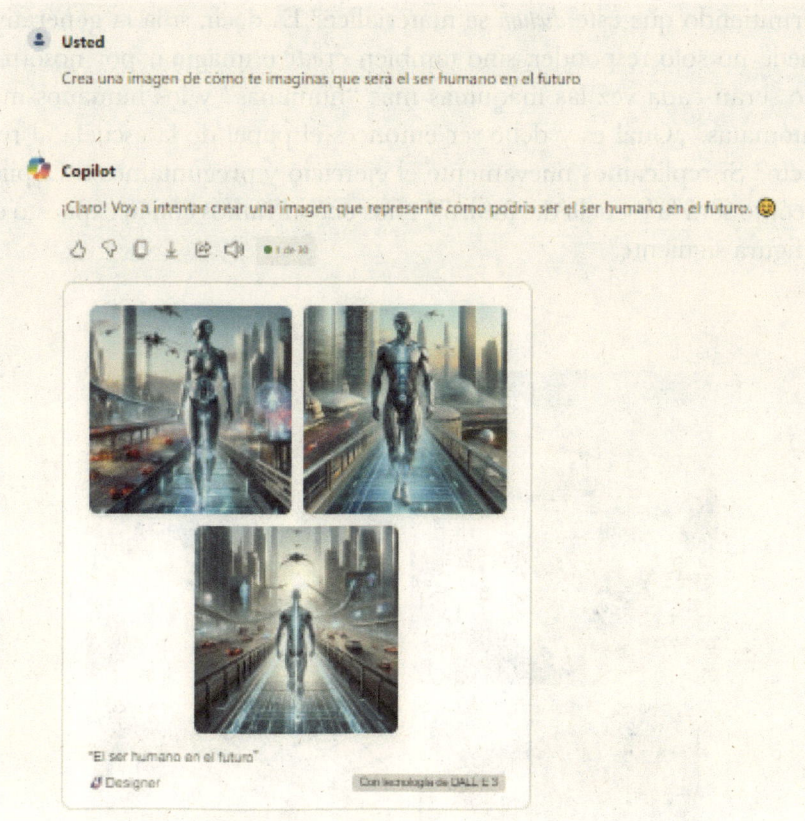

Fig. 23. *Interpretaciones de Copilot sobre el ser humano en el futuro*

Nota. Microsoft (2024)

Las imágenes que la Inteligencia Artificial generativa nos ofrece se asemejan más a las de un androide, es decir, a las de un ser artificialmente creado para emular al ser humano, que no a las de un ser humano propiamente dicho. Un "ser-artefacto" al estilo de los replicantes de *Blade Runner* (Scott, 1982), cuyo lema era "más humanos que los humanos". Pero, si el aprendizaje es lo que caracteriza al ser humano y nosotros vamos desaprendiendo para que las máquinas aprendan, ¿no estaremos permitiendo que este *dictum* se materialice? Es decir, si la IA generativa puede no solo responder, sino también crear e imaginar por nosotros, ¿no serán cada vez las máquinas más "humanas" y los humanos más autómatas? ¿Cuál es y debe ser entonces el papel de la escuela al respecto? Si replicamos nuevamente el ejercicio y preguntamos a Copilot "¿cómo será la escuela del futuro?", nos encontramos con lo expuesto en la figura siguiente.

Fig. 24. *Interpretaciones de Copilot sobre la escuela del futuro*

Nota. Microsoft (2024)

Como puede apreciarse en la figura anterior, la Inteligencia Artificial generativa nos muestra una escuela del futuro en la cual las tecnologías digitales son las claras protagonistas, constituyendo el epicentro del modelo de escuela. Un fenómeno que cada vez resulta más evidente en nuestra actual escuela uberizada, tal y como se ha reflejado en este libro. Pero, mientras las tecnologías digitales se convierten en el rey de la escuela del futuro, otro "elemento" característico de esta institución brilla por su ausencia en las imágenes: el profesorado. Ya que si bien en esta escuela del futuro "imaginada" por la IA se muestran muchos alumnos, no sucede lo mismo con los docentes. Si preguntamos a Copilot si cree que en el futuro continuará habiendo docentes, afirma que: "En mi opinión, sí, en el futuro seguirá habiendo docentes. Aunque la tecnología está transformando la educación y permitiendo nuevas formas de aprendizaje, el papel de los docentes sigue siendo fundamental" (Microsoft, 2024). Sin embargo, no es esto lo que nos muestra en las imágenes.

En línea con estos planteamientos, hace ahora una década, algunas voces en el marco del *World Innovation Summit for Education* (WISE) auspiciado por la Fundación Qatar, pregonaban cómo sería la escuela del 2030, bajo la reivindicación de *"no more «teachers»"* (WISE, 2014, p. 1), es decir, no más maestros. Si bien el uso de las comillas apuntaba al cambio del profesorado, abogando por un modelo de docente emprendedor y digital, en el horizonte cobran fuerza las propuestas cada vez más desreguladas y, por tanto, más desinstitucionalizadas, que en el ámbito que nos ocupa pueden materializarse en propuestas desescolarizadas.

Al mismo tiempo, estos aspectos conectan con la entronización de las plataformas digitales (y de las tecnologías digitales en general) como nueva escuela fáctica, a la que apuntábamos en el capítulo tercero. Modelo en el cual la tecnología ostenta la legitimidad que otrora poseía el profesorado, y que se muestra claramente en las imágenes de la figura 24, ofrecidas por la IA.

Ante ello nos preguntamos: ¿continuará habiendo cabida en la escuela del futuro para el docente o será desterrado de su hábitat natural, sustituido por una plataforma, por un avatar, o por un androide como el reflejado en la anterior figura 23?, ¿qué sentido tendrá el profesorado y la propia educación en este escenario? Con atención a esta última cuestión, y continuando con el análisis de las imágenes sobre la escuela del futuro recogidas en la figura 24, se aprecia que se trata de un modelo claramente individualizador, que conecta con los fenómenos expuestos en el capítulo segundo. En el cual se apela a los mantras de la personalización del aprendizaje y del emprendimiento para encubrir la restauración del viejo taylorismo, ahora reconvertido en un neo-taylorismo digital más radical, e incluso el aislamiento extremo del individuo, su precarización en su sentido más profundo y extenso.

Esta precarización y deslegitimación emanan porque las plataformas digitales constituyen "espacios" en los que no solo la Administración queda desposeída de rostros y rastros, como señalábamos en el capítulo quinto. Sino donde también el docente, el alumnado, o cualquier agente pueden dejar de reconocerse en ciertas acciones. Cumpliendo así lo expuesto por Augé (2000, p. 106), respecto a que en los no-lugares "el único rostro que se dibuja, la única voz que toma cuerpo, son los suyos: rostro y voz de una soledad tanto más desconcertante en la medida en que evoca a millones de otros".

Las plataformas digitales nos instalan en un espacio que ya no es concebido verdaderamente como espacio en el sentido antropológico de la palabra. Porque la plataforma no es "habitada", sino únicamente transitada de forma aparentemente aséptica y neutral. Lo que coloca al individuo en un "no lugar" permanente que extiende la difuminación a su propio ser, a su subjetividad. La cual también se diluye, muta y anonimiza, encaminándose hacia la desubjetivación del sujeto apuntada por Inés Araujo (2017), y que puede definirse como un "no ser-siendo".

En definitiva, las imágenes sobre la "escuela del futuro" de la figura 24 nos muestran un modelo escolar que recuerda perfectamente al de la escuela-fábrica, o incluso al del aula huevera (Fernández Enguita, 2018). Modelos que, aparentemente y en el plano discursivo, son muy distintos a los pretendidos ejemplos de autonomía e innovación descritos en el capítulo segundo, como son el centro Atenea, el Infocole, el aula LliureX, el aula eTwinning, el Aula 2.0, el Aula Inteligente, el Aula del Futuro... en definitiva, todos los modelos de escuela y de aula que toman a las tecnologías digitales como eje vertebrador y que en la historia escolar han sido presentados como modelos de salvación ante la crisis y el fracaso educativo. Pero que, sin embargo, entrañan una misma realidad: la adaptación y supeditación de la escuela al modelo socioeconómico hegemónico.

En este sentido, la escuela uberizada no solo se asoma a un futuro en el que emergen nuevas sofisticaciones como la "escuela IA" o "la escuela del metaverso". Sino que también posee una historia, un pasado. Al igual que aquel personaje de *Ubik* citado en el capítulo segundo, que enfatizaba que el hombre contiene a todos aquellos que le precedieron (Dick, 1962, p. 725); la escuela uberizada es la evolución natural de la escuela-fábrica, pero también de la escuela-centro comercial (Power y Whitty, 1996; Whitty et al., 2000), de la escuela *mcdonalizada* (Ritzer, 1993), de la escuela-empresa (Laval, 2004), ahora reconvertidas a la luz de las *startups* tecnológicas en una especie de *Escuela-App Store*, es decir, un kiosco de plataformas digitales donde los alumnos-usuarios-clientes navegan y saltan de plataforma en plataforma, en función de intereses que escapan a lo educativo.

Atendiendo a la información expuesta, la revolución silenciosa sigue su curso, obstinada a dirigirse hacia un horizonte cada vez más digital. No obstante, como plantea Galeano (2001), el horizonte, aunque se vislumbra, nunca se alcanza. En este sentido, emerge como una posibilidad, como un futuro a construir, como un mundo a imaginar. Está en nuestras manos, pues, avanzar hacia escenarios de precarización o bien decantarnos por otros de esperanza. Dejar que las tecnologías digitales tomen definitivamente la escuela o reclamar nuestro papel en ella como agentes de resignificación, reinterpretación y construcción del saber pedagógico.

Cabe, a modo de conclusión final, apostar por una escuela habitada, una escuela de encuentro e identidad, o rendirnos definitivamente a una escuela meramente transitada, que se erige cada vez más en un no-lugar, una escuela anonimizada e invisibilizada por el algoritmo, como la que nos ofrece la Inteligencia Artificial. Ante ello, conviene rescatar la reivindicación de Laval (2004) respecto a que la escuela no es una empresa y denunciar que *la escuela tampoco puede ni debe ser una App Store destinada a servir y legitimar los intereses de la Uber Economy. Así que menos artefacto, y más humanidad.* Les invitamos a que apaguen sus dispositivos de la escuela uberizada... y empiecen a habitar y vivir la escuela que también es. Una escuela de reflexión y de pensamiento crítico. Una escuela de encuentro y de convivencia. Una escuela de humanidad. Una escuela de vida. Y ya que la vida es sueño, ¿por qué no?, también les invitamos a soñar... Al menos mientras no se instaure la hipnopedia...

AGRADECIMIENTOS

En los inicios del siglo xx, Chesterton (1908) planteaba una reflexión que, pese a las significativas transformaciones de las últimas décadas, todavía consideramos legítima, al señalar que dar las gracias supone la más alta forma de pensamiento. Asumiendo esta premisa, y ya en las últimas páginas de un libro precisamente dedicado a *pensar y repensar* sobre el devenir de la organización escolar en la actual sociedad de las plataformas, pasar por alto los agradecimientos no solo sería indecoroso, sino prácticamente una herejía académica. Es, pues, de justicia dar las gracias en este espacio a todas las personas y entidades que me han acompañado en el proceso y que con su interés, ánimo, y colaboración han hecho posible que a día de hoy este libro pueda estar entre sus manos (o en su pantalla).

En primer lugar, quiero dar las gracias a mi familia: a mi madre Isabel, a mi padre Javi, a mi hermano Carlos, a mi abuela Isabel, y a mi pareja Manel, por su apoyo incondicional y absoluto. Por animarme en cada paso y en cada proyecto. Por su cariño, por su comprensión, y por seguirme el juego cada vez que nos miento diciendo que esto ya es lo último y que luego tendré más tiempo. Disculpad, pero (pese a la insistencia del tecnodiscurso) el futuro nunca llega, así que nada será nunca lo último (o al menos eso espero). Gracias, pues, por acompañarme siempre en la travesía, por ayudarme a sortear las piedras y a sacudir el polvo del camino, y, sobre todo, por aligerar el peso del equipaje y permitirme disfrutar del viaje.

Doy las gracias también a la Editorial Calambur, por su rigor, su profesionalidad y por hacer posible esta publicación. Y, en especial, a los directores de la Colección Paideia, los doctores Ángel San Martín Alonso y

José Eliseo Valle Aparicio, por creer en esta propuesta desde el inicio, por contagiarse de mi ilusión y por animarme a materializar este proyecto.

Con especial gratitud quiero dirigirme al Doctor Ángel García del Dujo, que ha tenido la amabilidad de prologar este libro y cuyas reflexiones, siempre interesantes, constituyen la invitación perfecta a su lectura.

También me gustaría aprovechar este espacio para agradecer al Ministerio de Ciencia, Innovación y Universidades del Gobierno Español la confianza depositada en el proyecto de tesis titulado *"Impacto de las plataformas digitales en el profesorado de Educación Infantil y Primaria: la precarización del trabajo docente"*, financiado en el marco de la convocatoria del 2016 del Programa de Ayudas para la Formación del Profesorado Universitario (Referencia FPU 16/04009), de cuya fase de transferencia forma parte el presente libro.

Y reservando lo más especial para el final, quiero darle las gracias de todo corazón a usted, lector o lectora de este libro, que con su interés está permitiendo que las reflexiones y pensamientos aquí recogidos cobren vida, que puedan ser reinterpretados y repensados. Gracias y mil gracias por dotar de sentido a esta obra.

REFERENCIAS BIBLIOGRÁFICAS

AGAMBEN, G. (2011). ¿Qué es un dispositivo? *Sociológica, 27*(73), 249-264.

AGUIRRE Forero, Á. A., ZAMORA GUABA, A. K. y GONZÁLEZ PINTO, M. A. (2018). La prestación de servicios en plataformas profesionales: nuevos indicios para una nueva realidad. En A. Todolí Signes y M. Hernández-Bejarano (Dirs.), *Trabajo en plataformas digitales: innovación, derecho y mercado* (pp. 127-151). Aranzadi.

ALFONSO CANO, C., RIVERA VARGAS, P. y GUITERT CASASÚS, M. (2013). Una aproximación a los entornos 1x1, «un ordenador por niño», desde las experiencias y las percepciones de los estudiantes de educación secundaria en el marco de la sociedad informacional. *Revista de Sociología de la Educación-RASE, 6*(2), 275-288.

ALONSO, L. E. (2002). Postfordismo, crisis y fragmentación de la sociedad de consumo: los nuevos espacios de la distribución comercial y el comprador posmoderno. *Col·leció Urbanitats Digitals, 4.*

ÁLVAREZ ALONSO, D. (2017). La "atomización" del trabajo. *Página abierta,* (249-250), 47-49.

ÁLVAREZ FENÁNDEZ, M. (2010). *Liderazgo compartido.* Wolters Kluwer.

ANGULO RASCO, F. (1992). El caballo de Troya: calidad de enseñanza y tecnocracia. *Cuadernos de Pedagogía,* (206), 62-69.

ANGULO RASCO, J. F. (1994). El gato por la liebre o la descentralización en el sistema educativo español. *Cuadernos de pedagogía,* (222), 74-83.

ANTUNES, R. y BRAGA, R. (2009). *Infoproletários: Degradação Real do Trabalho Virtual.* Boitempo.

ANUMANTHAN, S. y HASHIM, H. (2022). Improving the Learning of Regular Verbs through TikTok among Primary School ESL Pupils. *Creative*

Education, *13*, 896-912. https://doi.org/10.4236/ce.2022.133059

Apple, M. W. (2005). Education, markets, and an audit culture. *Critical Quarterly*, *47*(1-2), 11-29. https://doi.org/10.1111/j.0011-1562.2005.00611.x

Area Moreira, M. (2002). La integración escolar de las nuevas tecnologías. Entre el deseo y la realidad. *Organización y Gestión Educativa*, *10*(6), 14-18.

Area Moreira, M. (2003). De las webs educativas al material didáctico Web. *Comunicación y Pedagogía*, (188), 32-38.

Area Moreira, M., Alonso Cano, C., Correa Gorospe, J. M., Del Moral Pérez, M. E., De Pablos Pons, J., Paredes Labra, J., Peirats Chacón, J., Sanabria Mesa, A. L., San Martín Alonso, Á. y Valverde-Berrocoso, J. (2014). Las políticas educativas TIC en España después del Programa Escuela 2.0: las tendencias que emergen. *RELATEC: Revista Latinoamericana de Tecnología Educativa*, *13*(2), 11-34. https://doi.org/10.17398/1695-288X.13.2.11

Ashton, K. (2009). That 'Internet of Things' Thing. *RFID Journal*, (22), 97-114.

Augé, M. (2000). *Los no lugares. Espacios del anonimato.* Gedisa.

Auvergnon, P. (2016). Angustias de Uberización y retos que plantea el trabajo digital al Derecho Laboral. *Revista Derecho social y empresa*, (6), 25-42.

Ávila Ayala, A. T. (2021). Rasgos subjetivos de intensificación laboral en directores de educación primaria. *DIVULGARE Boletín Científico De La Escuela Superior De Actopan*, *8*(15), 16-23. https://doi.org/10.29057/esa.v8i15.6309

Ball, S. J. (1989). *La micropolítica de la escuela. Hacia una teoría de la organización escolar.* Paidós.

Ball, S. J. (2003a). Profesionalismo, gerencialismo y performatividad. *Revista Educación y Pedagogía*, *15*(37), 85-104.

Ball, S. J. (2003b). The teacher's soul and the terrors of performativity. *Journal of Education Policy*, *18*(2), 215–228. https://doi.org/10.1080/0268093022000043065

Ball, S. J. (2007). *Education plc: understanding private sector participation in public sector education.* Routledge.

BALL, S. J. (2009). Privatising education, privatising education policy, privatising educational research: network governance and the 'competition state'. *Journal of Education Policy, 24*(1), 83-99. https://doi.org/10.1080/02680930802419474

BALL, S. J. (2012). Performativities and fabrications in the education economy: Towards the performative society? *Australian Educational Researcher 27*(2), 1-23. https://doi.org/10.1007/BF03219719

BALL, S. J. y YOUDELL, D. (2007). *Privatización encubierta en la educación.* Education International.

BARDISA RUIZ, T. (2004). La dirección de centros escolares. En J. M. Moreno Olmedilla (Coord.), *Organización y Gestión de Centros Educativos* (pp. 209-244). UNED.

BARNS, S. (2020). *The Uberisation of Everything. In: Platform Urbanism. Geographies of Media.* Palgrave Macmillan. https://doi.org/10.1007/978-981-32-9725-8_5

BARRETO, V. (2018). Impactos de la nueva oleada de acuerdos comerciales en los servicios públicos: estado mínimo, mercado máximo. *Pueblos – Revista de Información y Debate*, (76).

BARZELAY, M. (1998). *Atravesando la Burocracia. Una nueva perspectiva de la Administración Pública.* Fondo de Cultura Económica.

BARZELAY, M. (2001). *The New Public Management: Improving Research and Policy Dialogue.* University of California Press.

BASS, B. (1985). *Leadership and Performance Beyond Expectations.* The Free Press.

BAUMAN, Z. (2003). *Modernidad líquida.* Fondo de Cultura Económica de Argentina.

BAZARRA, L. y CASANOVA, O. (2019). *Influencers educativos. ¿Cómo transformarnos en adultos inspiracionales?* SM.

BECK, U. (2007). *Un nuevo mundo feliz. La precariedad del trabajo en la era de la globalización.* Paidós.

BECK, U. y BECK-GERNSHEIM, E. (2003). *La individualización. El individualismo institucionalizado y sus consecuencias sociales y políticas.* Paidós.

BEDOYA HERNÁNDEZ, M. (2018). *La gestión de sí mismo. Ética y subjetivación en el neoliberalismo.* Universidad de Antioquia.

Beltrán Llavador, F. (1991). *Política y reformas curriculares*. Universitat de València.

Beltrán Llavador, F. (2000). Las organizaciones educativas: encrucijadas de conflictos. *Kikiriki*, (55), 97-125.

Beltrán Llavador, F. y San Martín Alonso, Á. (2000). *Diseñar la coherencia escolar: bases para el proyecto educativo*. Morata.

Benjamin, W. (2001). Sobre el programa de la filosofía venidera. En *Iluminaciones IV* (pp. 75-84). R. J. Blatt-Weinstein (trad.). Taurus.

Bentham, J. (2017). *El Panóptico*. Quadrata.

Berardi, F. (2007). *El sabio, el mercader y el guerrero. Del rechazo al trabajo al surgimiento del cognitariado*. Acuarela Libros.

Bernal Agudo, J. L. y Cano Escoriaza, J. (2014). Los espacios y procesos de participación. En J. L. Bernal Agudo, J. Cano Escoriaza y J. Lorenzo Lacruz. (Coords.), *Organización de los centros educativos. LOMCE y políticas Neoliberales* (pp. 173-210). Mira Editores.

Bernstein, B. (1998). *Pedagogía, control simbólico e identidad*. Morata.

Blase, J. (2002). Las micropolíticas del cambio educativo. *Profesorado, revista de currículum y formación del profesorado, 6*(1).

Bolívar Botía, A. (2004). La autonomía de centros escolares en España: entre declaraciones discursivas y prácticas sobrerreguladas. *Revista de Educación*, (333), 91-116.

Bolívar Botía, A. (2010a). ¿Cómo un liderazgo pedagógico y distribuido mejora los logros académicos? Revisión de la investigación y propuesta. *Magis, Revista Internacional de Investigación en Educación, 3*(5), 79-106.

Bolívar Botía, A. (2010b). La autonomía de los centros educativos en España. *Participación Educativa*, (13), 8-25.

Boninger, F. Molnar, A. y Saldaña, C. M. (2020). *Big Claims, Little Evidence, Lots of Money: The Reality Behind the Summit Learning Program and the Push to Adopt Digital Personalized Learning Platforms*. National Education Policy Center.

Bourdieu, P. (1998). *Contre-feux: propos pour servir à la résistance contre l'invasion néolibérale*. Liber-Raisons d'Agir.

Bourdieu, P. (1999). *Razones prácticas. Sobre la teoría de la acción*. Anagrama.

BRÖCKLING, U. (2015). *El self emprendedor. Sociología de una forma de subjetivación*. Ediciones Universidad Alberto Hurtado.

BURCH, P. E. (2009). *Hidden Markets*. Routledge.

BUSTAMANTE, E. (2008). Amenazas y posibilidades del sistema audiovisual europeo en la era digital. *Cuadernos de información*, (23), 82-95.

Butler, J. (2004). *Precarious Life. The Power of Mourning and Violence*. Verso Books.

CALATAYUD SALOM, M. A. (2008). *La escuela del futuro. Hacia nuevos escenarios*. Editorial CCS.

CANALS, A. y HÜLSKAMP, I. (2020). Plataformas digitales: fundamentos y una propuesta de clasificación. *Oikonomics*, (14).

CANCELA, E. (2019). *Despertar del sueño tecnológico. Crónica sobre la derrota de la democracia frente al capital*. Ediciones Akal.

CARPENTER, J. P. y MORRISON, S. A. (2018). Enhancing teacher education…with Twitter? *Phi Delta Kappan, 100*(1), 25-28. https://doi.org/10.1177/0031721718797118

CARRETERO GÓMEZ, S., VUORIKARI, R. y PUNIE, Y. (2017). *DigComp 2.1: The Digital Competence Framework for Citizens with eight proficiency levels and examples of use*. Publications Office of the European Union. https://doi.org/10.2760/38842

CARVALHO, A. A. y PESSOA, M. T. (2012). Políticas educativas TIC en Portugal. *Campus Virtuales, 1*(1), 93-104.

CASILLI, A. y POSADA, J. (2019). The Platformization of Labor and Society. En M. Graham y W. H. Dutton (Eds.), *Society and the Internet. How Networks of Information and Communication are Changing Our Lives* (pp. 293-306). Oxford University Press. http://dx.doi.org/10.1093/acprof:oso/9780199661992.001.0001

CASTAÑEDA ROJAS, L. A. (2023). 4ª revolución educativa, una perspectiva global. *Copérnico, 39*(20), 28-35.

CASTELLS, M. (1999). *La era de la información. Economía, Sociedad y Cultura*. Siglo XXI Editores.

CASTELLS, M. (2001). *La Galaxia Internet*. Areté.

CASTELLS, M. (2009). *Comunicación y poder*. Alianza Editorial.

CASTELLS, M. (2017). El panóptico digital. *Vanguardia Dossier*, (63), 74 – 77.

CEE. (1993). *Las Nuevas Tecnologías de la Información en la educación – España.* Oficina de Publicaciones Oficiales de las Comunidades Europeas.

Cerrillo Martínez, A. (2005). La gobernanza hoy: introducción. En A. Cerrillo Martínez (Coord.), *La gobernanza hoy: 10 textos de referencia* (pp. 11-36). Instituto Nacional de Administración Pública.

Chomsky, N. (2001). El control de los medios de comunicación. En N. Chomsky e I. Ramonet. *Cómo nos venden la moto. Información, poder y concentración de medios* (pp. 7-48). Icaria.

Ciganda, A. (2008). Shock del petróleo: ¿evento sin precedentes o déjà vu? Análisis del mercado del petróleo, su relación con la situación financiera internacional y factores de largo plazo. *Cuaderno de Economía,* (3), 29-57.

Closa Montero, C. (2003). El Libro Blanco sobre la Gobernanza. *Revista de Estudios Políticos,* (119), 485-504.

Coll, J. M. y Ferrás, X. (2017). *Economía de la felicidad.* Plataforma Editorial.

Cortázar, J. (2004). *Historias de cronopios y de famas.* Suma de Letras.

Curran, J. P. (2012). Reinterpreting the Internet. En J. P. Curran, N. Fenton y D. Freedman (Eds.), *Misunderstanding the Internet* (pp. 3-33). Routledge. https://doi.org/10.4324/9780203146484

Day, C., Sammons, P. y Gorgen, K. (2020). *Successful School Leadership.* Education Development Trust.

De Sousa Santos, B. (2003). *Crítica de la razón indolente: contra el desperdicio de la experiencia.* (Vol. 1). Editorial Desclée de Brouwer.

De Sousa Santos, B. (2010). *Descolonizar el saber, reinventar el poder.* Trilce.

De Sousa Santos, B. (2019). *Educación para otro mundo posible.* CLACSO.

Decuypere, M., Grimaldi, E. y Landri, P. (2021). Introduction: Critical studies of digital education platforms. *Critical Studies in Education, 62*(1), 1-16. https://doi.org/10.1080/17508487.2020.1866050

Del Valle-Ramón, D., García-Valcárcel Muñoz-Repiso, A. y Basilotta Gómez-Pablos, V. (2020). Aprendizaje basado en proyectos por medio de la plataforma YouTube para la enseñanza de matemáticas en Educación Primaria. *Education in the Knowledge Society (EKS), 21*(9). https://doi.org/10.14201/eks.23523

DELEUZE, G. (1990). ¿Qué es un dispositivo? En E. Balbier, G. Deleuze, H. L. Dreyfus, M. Frank, A. Glücksmann et al., *Michel Foucault, filósofo* (pp. 155-163). Gedisa.

DICK, P. K. (1962). Ubik. En: *Four novels of the 1960s* (pp. 609-798). The library of America.

DURAND, P. P. (2004). *La chaine invisible. Travailler aujourd'hui: du flux tendu à la servitude volontaire.* Le Seuil.

DUSSEL, I. y FUENTES CARDONA, M. G. (2021). Los grupos de WhatsApp y la construcción de nuevas ciudadanías en las escuelas. *Educação & Sociedade,* (42), https://doi.org/10.1590/ES.251642

ECHEVERRÍA EZPONDA, J. (2010). La Agenda educativa europea y las TIC: 2000-2010. *Revista Española de Educación Comparada,* (16), 75-104.

ECHEVERRÍA, J. (2003). *La revolución tecnocientífica.* Fondo de Cultura Económica.

ENCINAS SARAVIA, L. D. (2021). El WhatsApp en la educación primaria. *Realidades Educativas, 1*(1).

ERJAVEC, K. (2013). Informal Learning through Facebook among Slovenian Pupils. *Comunicar, 21*(41), 117-126. http://dx.doi.org/10.3916/C41-2013-11

ESTEVE ZARAZAGA, J. M. (2003). *La tercera revolución educativa: la educación en la sociedad del conocimiento.* Paidós Ibérica.

FANDÓS GARRIDO, M. (2009). *Las tecnologías de la información y la comunicación en la educación: un proceso de cambio.* Universitat Rovira i Virgili.

FAURE, E., HERRERA, F., KADDOURA, A. R., LOPES, H., PETROVSKI, A. V., RAHNEMA, M. y CHAMPION WARD, F. (1973). *Aprender a ser. La educación del futuro.* Alianza/UNESCO.

FERNÁNDEZ ENGUITA, M. (2018). *Más escuela y menos aula.* Morata.

FERNÁNDEZ-PAMPILLÓN CESTEROS, A (2009). Las plataformas e-learning para la enseñanza y el aprendizaje universitarios en Internet. En M. C. López Alonso y M. Matesanz del Barrio (Coord.), *Las plataformas de aprendizaje. Del mito a la realidad* (pp. 45-76). Biblioteca Nueva.

FILGUEIRAS, V. y ANTUNES, R. (2020). Plataformas Digitais, Uberização do Trabalho e Regulação no Capitalismo Contemporâneo.

Contracampo, 39(1), 27-43. http://dx.doi.org/10.22409/contracampo.
v39i1.38901

FIORMONTE, D. y SORDI, P. (2019). Humanidades digitais do sul e GAFAM.
Para uma geopolítica do conhecimento digital. *Liinc em Revista, 15*(1),
https://doi.org/10.18617/liinc.v15i1.4730

FLEMING, P. (2013). A Working Death? Contesting Life Itself in the Bio-
Political Organization. En G. Gall (Ed.), *New Forms and Expressions
of Conflict at Work* (pp. 48–65). Palgrave Macmillan. http://doi.
org/10.1057/9781137304483_4

FOUCAULT, M. (1971). *L'Ordre du discours*. Gallimard.

FOUCAULT, M. (1980). El ojo del poder. En J. Bentham, *El Panóptico*
(pp. 9-26). Ediciones La Piqueta.

FOUCAULT, M. (1984). *Saber y poder*. Ediciones La Piqueta.

FOUCAULT, M. (1991). *Las redes del poder*. Editorial Almagesto.

FOUCAULT, M. (1998). *Vigilar y castigar*. Siglo XXI Editores.

FOUCAULT, M. (2001). *Un diálogo sobre el poder y otras conversaciones*. Alianza
Editorial.

FOUCAULT, M. (2008). *Tecnologías del yo y otros textos afines*. Paidós.

FOUCAULT, M. (2009). *Nacimiento de la biopolítica*. Ediciones Akal.

FREIRE, P. (2002). *La educación como práctica de la libertad*. Siglo XXI Editores.

FULLAN, M. (2002). *Las fuerzas del cambio. Explorando las profundidades de la
reforma educativa*. Ediciones Akal.

GAIRÍN SALLÁN, J. (2000). Cambio de cultura y organizaciones que
aprenden. *Educar*, (27), 31-85.

GALEANO, E. (2001). *Las palabras andantes*. Catálogos.

GALLOWAY, A. (2004). *Protocol: How Control Exists after Decentralization*. MIT
Press.

GARCÍA MÁRQUEZ, G. (1981). *Crónica de una muerte anunciada*. La Oveja
Negra.

GARCÍA MÁRQUEZ, G. (1994). *Del amor y otros demonios*. Editorial
Sudamericana.

GAWER, A. (2014). Bridging differing perspectives on technological
platforms: Toward an integrative framework. *Research Policy, 43*(7),
1239-1249. https://doi.org/10.5465/ambpp.2014.278

Geliskhanov, I. Z. y Yudina, T. N. (2018). Digital platform: a new economic institution. *Quality - Access to Success, 19*(S2), 20-26.

Gillespie, T. (2010). The Politics of 'Platforms'. *New Media & Society, 12*(3), 347-364. https://doi.org/10.1177/1461444809342738

Gimeno Sacristán, J. (2003). *La inspección educativa en la gestión y control de la institución escolar* [Texto de ponencia]. V Jornadas del Consejo Escolar de Andalucía, Granada, Andalucía, España. https://go.uv.es/4MazZbf

Gómez Escobar, C. (2015). *La comunicación entre familia y escuela mediante Twitter en los colegios de primaria de Cáceres* [Trabajo Fin de Máster]. Universidad Nacional de Educación a Distancia.

González González, M. T. (1997). La micropolítica escolar: algunas acotaciones. *Profesorado, 1*(2), 45-54.

Gordon, C. (1991). Governmental rationality: An introduction. En G. Burchell, C. Gordon y P. Miller (Eds.), *The Foucault Effect: Studies in Governmentality* (pp. 1-52). University of Chicago Press.

Grau-Pineda, C. (2018). Economía colaborativa y trabajadores independientes: ¿del surgimiento de una nueva categoría de trabajadores? En J. Balcells et al. (Coords.), *Collaborative economy: challenges and opportunities* (pp. 45-61). Huygens Editorial.

Guillén-Gámez, F. D., Linde-Valenzuela, T., Ramos, M. y Mayorga-Fernandez, M. J. (2022). Identifying predictors of digital competence of educators and their impact on online guidance. *Research and Practice in Technology Enhanced Learning, 17*(20). https://doi.org/10.1186/s41039-022-00197-9

Gunuc, S., Misirli O. y Odabasi, H. F. (2013). Primary School Children's Communication Experiences with Twitter: A Case Study from Turkey. *Cyberpsychology, Behavior, and Social Networking, 16*(6), 448-453. http://doi.org/10.1089/cyber.2012.0343

Gutiérrez Martín, A. (2002). El discurso tecnológico de los nuevos medios: implicaciones educativas. *Comunicar, 9*(18), 90-95.

Habermas, J. (2002). *Teoría de la acción comunicativa*. Taurus.

Han, B. C. (2013). *La sociedad de la transparencia*. Herder Editorial.

Han, B. C. (2014). *En el enjambre*. Herder Editorial.

HAN, B. C. (2021). *Psicopolítica*. Herder Editorial.

HARARI, Y. N. (2016). *Homo Deus: Breve historia del mañana*. Editorial Debate.

HARGREAVES, A. (1996). *Profesorado, cultura y postmodernidad: cambian los tiempos, cambia el profesorado*. Morata.

HARGREAVES, A. y FULLAN, M. (Eds.). (2008). *Change wars*. Solution Tree.

HARTUNG, C., ANN HENDRY, N., ALBURY, K., JOHNSTON, S. y WELCH, R. (2022). Teachers of TikTok: Glimpses and gestures in the performance of professional identity. *Media International Australia*. https://doi.org/10.1177/1329878X211068836

HARVEY, D. (2014). *Seventeen Contradictions and the End of Capitalism*. Profile Books.

HILL, S. (2015). RAW DEAL: *How the "Uber economy" and runaway capitalism are screwing American workers*. St. Martin's Press

HILLMAN, T., BERGVIKEN-RENSFELDT, A. y IVARSSON, J. (2020). Brave new platforms: a possible platform future for highly decentralised schooling. *Learning, Media and Technology, 45*(1), 7-16. https://doi.org/10.1080/17439884.2020.1683748

HORKHEIMER, M. (2003). *Teoría crítica*. Amorrortu.

HUDSON, C. (2007). Governing the governance of education: The state strikes back? *European Educational Research Journal, 6*(3), 266-282. https://doi.org/10.2304/eerj.2007.6.3.266

HUWS, U. (2003). *The Making of a Cybertariat (Virtual Work in a Real world)*. Monthly Review Press.

HUXLEY, A. (2013). *Un mundo feliz*. Cátedra.

IBÁÑEZ, J. (1994). *El regreso del sujeto: la investigación social de segundo orden*. Siglo XXI Editores.

IBERT, O., OECHSLEN, A. REPENNING, A. y SCHMIDT, S. (2021). Platform ecology: A user-centric and relational conceptualization of online platforms. *Global Networks, 22*(3), 564-579. https://doi.org/10.1111/glob.12355

ILLICH, I. (1981). *Shadow work*. Marion Boyars.

INÉS ARAUJO, M. C. (2017). La desubjetivación del Sujeto: "El arte de no haber sido". *Eikasia, Revista de filosofía*, (73), 205-214.

INTEF. (2017a). *Marco común de competencia digital docente*. Ministerio de Educación, Cultura y Deporte: Instituto Nacional de Tecnologías Educativas y de Formación del Profesorado.

INTEF. (2017b). *Una breve historia de las TIC Educativas en España*. Recuperado de: https://go.uv.es/IQf9PqI

JÓDAR, F. y GÓMEZ, L. (2007). Educación posdisciplinaria, formación de nuevas subjetividades y gubernamentalidad neoliberal. Herramientas conceptuales para un análisis del presente. *Revista Mexicana de Investigación Educativa, 12*(32), 381-404.

KAMPYLIS, P., PUNIE, Y. y DEVINE, J. (2015). *Promoting effective digital-age learning. A European framework for digitally-competent educational organisations*. JRC Science Hub. https://doi.org/10.2791/54070

KASIM, N. N. M. y KHALID, F. (2016). Choosing the Right Learning Management System (LMS) for the Higher Education Institution Context: A Systematic Review. *International Journal of Emerging Technologies in Learning (iJET), 11*(6), 55-61. https://doi.org/10.3991/ijet.v11i06.5644

KAUFMAN, S. F. (2000). *El arte de la guerra. La interpretación definitiva del libro clásico de Sun Tzu*. Editorial Paidotribo.

KOMLJENOVIC, J. (2021). The rise of education rentiers: digital platforms, digital data and rents. *Learning, Media and Technology, 46*(3), 320-332. https://doi.org/10.1080/17439884.2021.1891422

LADRÓN DE GUEVARA RODRÍGUEZ, M., LÓPEZ-AGUDO, L. A., PRIETO-LATORRE, C. y MARCENARO-GUTIÉRREZ, Ó. D. (2022). Internet use and academic performance: An interval approach. *Education and Information Technologies*. https://doi.org/10.1007/s10639-022-11095-4

LASCH, C. (1999). *La cultura del narcisismo*. Editorial Andrés Bello.

LASSALLE, J. M. (2019). *Ciberleviatán. El colapso de la democracia liberal frente a la revolución digital*. Arpa & Alfil.

LAVAL, C. (2004). *La escuela no es una empresa. El ataque neoliberal a la enseñanza pública*. Paidós.

LAVAL, C. (2020). *Foucault, Bourdieu y la cuestión neoliberal*. Gedisa.

LAVAL, C. y Dardot, P. (2013). *La nueva razón del mundo: Ensayo sobre la sociedad neoliberal*. Gedisa.

LÉVY, P. (1993). *Les technologies de l'intelligence. L'avenir de la pensée à l'ère informatique*. La Découverte.

LIPPMANN, W. (1965). *Public opinion*. Free Press.

LOOR RAMOS, G. M., AVEIGA MACAY, V. I. y ZAMBRANO ROMERO, W. J. (2022). WhatsApp: herramienta de comunicación educativa entre padres de familia y docentes de educación primaria. *Revista Científica UISRAEL, 9*(1), 11-28. https://doi.org/10.35290/rcui.v9n1.2022.465

LÓPEZ YÁÑEZ, J. y LAVIÉ MARTÍNEZ, J. M. (2010). Liderazgo para sostener procesos de innovación en la escuela. *Profesorado. Revista de currículum y formación del profesorado, 14*(1), 71-92.

LOREY, I. (2016). *Estado de inseguridad. Gobernar la precariedad*. Traficantes de Sueños.

LOSADA IGLESIAS, D., CORREA GOROSPE, J. M. y FERNÁNDEZ OLASKOAGA, L. (2017). El impacto del modelo «un ordenador por niño» en la Educación Primaria: un estudio de caso. *Educación XXI, 20*(1), 339-361. https://doi.org/10.5944/educxx1.17515

LOVELESS, A. y WILLIAMSON, B. (2017). *Nuevas Identidades de Apredizaje en la Era Digital*. Narcea.

LUENGO NAVAS, J. y SAURA CASANOVA, G. (2013). La performatividad en la educación. La construcción del nuevo docente y el nuevo gestor performativo. *REICE. Revista Iberoamericana sobre Calidad, Eficacia y Cambio en Educación, 11*(3), 139-153.

MAROY, C. (2009). Convergences and Hybridization of Educational Policies Around "Post-Bureaucratic" Models of Regulation. *Compare: a journal of comparative and international education, 39*(1), 71-84. https://doi.org/10.1080/03057920801903472

MARTÍN HERNÁNDEZ, M. L. (2015). Cambios producidos en el mundo del trabajo y transformaciones del ordenamiento jurídico-laboral español: El auge de los instrumentos de *soft law*. *Revista Internacional y Compara de relaciones laborales y derecho del empleo, 3*(1).

MARTÍNEZ PINEDA, M. C., CALVO, G., MARTÍNEZ BOOM, A., SOLER MARTÍN, C. y PRADA DUSSAN, M. (2015). *Pensar la formación de maestros hoy. Una propuesta desde la experiencia pedagógica*. IDEP.

MARX, K. y ENGELS, F. (2015). *Manifiesto comunista*. Ediciones Akal.

Mattelart, A. (2002). *Geopolítica de la cultura*. lom Ediciones.

Means, A. J. (2018). Platform learning and on-demand labor: sociotechnical projections on the future of education and work. *Learning, Media and Technology, 43*(3), 326-338. https://doi.org/10.10 80/17439884.2018.1504792

MEC. (1988). *Proyectos Atenea y Mercurio. Programa de Nuevas Tecnologías de la Información y de la Comunicación (P.N.T.I.C.)*. Centro de Investigación y Documentación Educativa.

Metcalfe, L. (1995). La Comisión Europea como una organización-red. *Gestión y Análisis de Políticas Públicas*, (4), 25-36. https://doi. org/10.24965/gapp.vi4.50

Möhlmann, M. y Zalmanson, L. (2017). *Hands on the wheel: Navigating algorithmic management and Uber's autonomy* [Texto de comunicación]. International Conference on Information Systems (icis 2017), Seúl, Corea del Sur.

Molina-Pérez, J. y Luengo Navas, J. J. (2021). Profesionales híbridos: nuevas configuraciones del profesionalismo docente en el contexto político neoliberal. *Foro de Educación, 19*(1), 223-247. http://dx.doi. org/10.14516/fde.762

Molina-Pérez, J. y Luengo, J. J. (2020). Reconstrucciones "Resilientes" de la Identidad Profesional del Profesorado: Endoprivatización y Cultura Performativa en Andalucía (España). *reice. Revista Iberoamericana sobre Calidad, Eficacia y Cambio en Educación, 18*(2), 57-75. https://doi.org/10.15366/reice2020.18.2.003

Molinuevo, J. L. (2006). *La vida en tiempo real. La crisis de las utopías digitales*. Biblioteca Nueva.

Monarca, H. y Fernández-González, N. (2016). El papel de la inspección educativa en los procesos de cambio. *Cadernos de Pesquisas, 46*(159), 212-233. https://doi.org/10.1590/198053143374

Monella, P. (2021). Istruzione e gafam: dalla coscienza allaresponsabilità. *Umanistica Digitale*, (11), 27-45. http://doi.org/10.6092/issn.2532-8816/13685

Morozov, E. (2011). *The Net Delusion. The Dark Side of Internet Freedom*. Public Affairs.

MOROZOV, E. (2016). *La locura del solucionismo tecnológico*. Katz Editores.

MOROZOV, E. (2017). Silicon Valley, el nuevo centro de poder: ¿será la capital de un imperio que gobernará el mundo? *Vanguardia Dossier*, (63), 20-26.

MORUNO, J. (2018). *No tengo tiempo. Geografías de la precariedad*. Ediciones Akal.

NATERA PERAL, A. (2005). Nuevas estructuras y redes de gobernanza. *Revista Mexicana de Sociología*, 67(4), 755-791.

National Comission on Excellence in Education. (1983). *A Nation at Risk: The imperative for Educational Reform*. https://go.uv.es/PSFe4gk

NEGRI, A. y VERCELLONE, C. (2008). Le rapport capital / travail dans le capitalisme cognitif. *Multitudes*, (32), 39-50. https://doi.org/10.3917/mult.032.0039

NIÑO ARTEAGA, Y. (2019). Problematizar lo humano en educación. La dimensión política y el concepto de pensamiento crítico en la pedagogía de Freire y Giroux. *Pedagogía y Saberes*, (51), 133-144.

NOLL, H. (2019). ¡Es taylorismo, estúpido! Sobre la nueva organización científica de la investigación y la docencia en la Universidad Española. *Sociología del Trabajo*, (95), 1-18. https://doi.org/10.5209/stra.66436

NOVO-CORTI, I. y BARREIRO-GEN, M. (2016). Cualquiera, en cualquier lugar, en cualquier momento: tecnologías móviles para el aprendizaje. En J. Rúas Araujo, V. A. Martínez Fernández, M. M. Rodríguez Fernández, I. Puentes Rivera, J. Yaguache Quichimbo y E. Sánchez Amboage (Eds.), *De los medios y la comunicación de las organizaciones a las redes de valor* (pp. 593-607). XESCOM.

OLIVÉ, L. (2006). Los desafíos de la sociedad del conocimiento: cultura científico-tecnológica, diversidad cultural y exclusión. *Revista Científica de Información y Comunicación*, (3), 29-51.

OLMEDA, J. C. (2014). El péndulo descentralización-recentralización y su aplicación a la reforma educativa en México. *Revista de Relaciones Internacionales, Estrategia y Seguridad*, 9(2), 143-164.

ORDINE, N. (2013). *La utilidad de lo inútil*. Acantilado.

ORWELL, G. (2008). *1984*. Penguin Books.

ORWELL, G. (2014). *Rebelión en la granja*. Lucemar.

OSBORNE, D. y GOEBLER, T. (1994). *La reinvención del gobierno. La influencia del espíritu empresarial en el sector público.* Paidós.

OUTSELL. (2017). *GAFAM in education: how Google, Apple, Facebook, Amazon and Microsoft are shaping education markets.* Company Analysis Report.

PARDO BALDOVÍ, M. I. y SAN MARTÍN ALONSO, Á. (2020). Tecnologías y cultura organizativa en los centros escolares. ¿La uberización de las relaciones laborales? Technologies and organizational culture in schools. The labor relations' uberization?. *Píxel-Bit. Revista De Medios Y Educación, 58,* 161-179. https://doi.org/10.12795/pixelbit.72767

PARDO BALDOVÍ, M. I., WALIÑO GUERRERO, M. J. y SAN MARTÍN ALONSO, Á. (2018). La "uberización" de los centros escolares: reorganización del trabajo pedagógico mediante las plataformas digitales de contenidos. *Educatio Siglo XXI, 36*(2), 187-208. https://doi.org/10.6018/j/333031

PAREDES LABRA, J. (2012). Políticas educativas neoliberales para la integración de las TIC en educación. El caso de Madrid (España). *Campus Virtuales, 1*(1), 11-20.

PARKER, G. G., VAN ALSTYNE, M. W. y CHOUDARY, S. P. (2017). *Platform revolution.* W. W. Norton & Company.

PEIRATS CHACÓN, J., RODRÍGUEZ RODRÍGUEZ, J. y SAN MARTÍN ALONSO, Á. (2019). Controversias del liderazgo escolar en la implantación de materiales digitales. *Campus Virtuales, 8*(2), 19-34.

PETERS, M. A. (2020). Digital socialism or knowledge capitalism? *Educational Philosophy and Theory, 52*(1), 1-10. https://doi.org/10.108 0/00131857.2019.1593033

POPKEWITZ, T. (Comp.). (1994). *Modelos de poder y regulación social en pedagogía.* Pomares.

POPKEWITZ, T. S. (1996). El Estado y la administración de la libertad a finales del siglo XX: Descentralización y distinciones Estado/sociedad civil. En M. A. Pereyra, J. García Mínguez, A. J. Gómez, y M. Beas (Comps.), *Globalización y descentralización de los sistemas educativos. Fundamentos para un nuevo programa de la educación comparada* (pp. 119-168). Ediciones Pomares-Corredor.

POSTMAN, N. (1994). *Tecnópolis: la rendición de la cultura a la tecnología.* Galaxia Gutenberg.

POWELL, A. G., FARRAR, E. y COHEN, D. K. (1986). *The Shopping Mall High School: Winners and Losers in the Educational Marketplace.* Houghton Mifflin Harcourt.

POWER, S. y WHITTY, G. (1996). Teaching new subjects? The hidden curriculum of marketised education systems. *Melbourne Studies in Education, 37*(2), 1-21. http://dx.doi.org/10.1080/17508489609556281

QUINTANILLA, M. Á. (2005). *Tecnología: un enfoque filosófico y otros ensayos de filosofía de la tecnología.* Fondo de Cultura Económica.

RAMÍREZ-GARCÍA, A., Gutiérrez-Arenas, M. P. y Gómez-Moreno, M. (2022). Maquiavelismo y deseo de querer ser youtuber y/o influencer en las generaciones Z y Alfa. *Profesional de la información, 31*(2). https://doi.org/10.3145/epi.2022.mar.14

RAMONET, I. (2000). *La golosina visual.* Debate.

REDECKER, C. y PUNIE, Y. (2017). *Digital Competence of Educators DigCompEdu.* Publications Office of the European Union. https://doi.org/10.2760/178382

RHODES, R. A. W. (2005). La nueva gobernanza: gobernar sin gobierno. En A. Cerrillo (Coord.), *La gobernanza hoy: 10 textos de referencia* (pp. 99-122). Instituto Nacional de Administración Pública (INAP).

RITZER, G. (1993). *The McDonaldization of Society.* Pine Forge Press.

ROBERTS-MAHONEY, H., Means, A. J. y Garrison, M. J. (2016) Netflixing human capital development: personalized learning technology and the corporatization of K-12 education. *Journal of Education Policy, 31*(4), 405-420. https://doi.org/10.1080/02680939.2015.1132774

ROCA, R. (2018). *KNOWMADS: Los trabajadores del futuro.* Lid Editorial Empresarial.

RODRÍGUEZ AMAYA, C. (2019). *Docente emprendedor: urgencia, procedencia y emergencia de un nuevo ethos docente en Colombia (1960-2015)* [Tesis doctoral, Universidad Pedagógica Nacional de Colombia]. https://go.uv.es/BpzXiQ7

ROSE, N. (2012). *Políticas de la vida. Biomedicina, poder y subjetividad en el siglo XXI.* UNIPE.

ROSS, A. (2008). The new geography of work. Power to the precarious? *Theory, Culture and Society, 25*(7-8), 31-49. https://doi.org/10.1177/0263276408097795

SADIN, É. (2018). *La siliconización del mundo. La irresistible expansión del liberalismo digital.* Caja Negra.

SALINAS FERNÁNDEZ, D. y SAN MARTÍN ALONSO, Á. (1998). De los centros escolares a las plataformas del conocimiento. *Pixel-Bit. Revista De Medios Y Educación,* (10), 55-62.

SAN MARTÍN ALONSO, Á. (1995). *La escuela de las tecnologías.* Universitat de València.

SAN MARTÍN ALONSO, Á. (2009). *La escuela enredada. Formas de participación escolar en la sociedad de la información.* Gedisa.

SAN MARTÍN ALONSO, Á. y PEIRATS CHACÓN, J. (2014). Impacto de las tecnologías digitales en la descentralización del sistema escolar. *Teoría de la Educación, 26*(2), 183-204. http://dx.doi.org/10.14201/teoredu2014261183204

SAN MARTÍN ALONSO, Á., PEIRATS CHACÓN, J. y GALLARDO FERNÁNDEZ, I. M. (2014). Centros educativos inteligentes. Luces y sombras sobre las políticas de transferencia de tecnología y las prácticas docentes. *Profesorado. Revista de curriculum y formación del profesorado, 18*(3), 63-79.

SÁNCHEZ OCAÑA, J. M. (2018). La Uber economy y el fenómeno de la economía colaborativa: el mundo del trabajo en disputa. En A. Todolí Signes y M. Hernández-Bejarano (Dirs.), *Trabajo en plataformas digitales: innovación, derecho y mercado* (pp. 69-104). Aranzadi.

SÁNCHEZ RODRÍGUEZ, J. (2009). Plataformas de enseñanza virtual para entornos educativos. *Pixel-Bit. Revista de Medios y Educación,* (34), 217-233.

SARTORI, G. (1998). *Homo videns. La sociedad teledirigida.* Taurus.

SAURA, G. y CABALLERO, K. (2021). Capitalismo académico digital. *Revista Española de Educación Comparada,* (37), 192-210.

SAURA, G., DÍEZ-GUTIÉRREZ, E. J. y RIVERA-VARGAS, P. (2021). Innovación tecno-educativa "google". Plataformas digitales, datos y formación docente. *REICE. Revista Iberoamericana sobre Calidad, Efi cacia y Cambio en Educación, 19*(4), 111-124. https://doi.org/10.15366/reice2021.19.4.007

SCHWAB, K. (2016). *La cuarta revolución industrial.* Debate.

SEGURA, M. (2009). Plataformas educativas y redes docentes. En R. Carneiro, J. C. Toscano y T. Díaz Fouz (Coord.), *Los desafíos de las TIC para el cambio educativo* (pp. 95-110). Fundación Santillana.

SENNETT, R. (2000). *La corrosión del carácter.* Anagrama.

SENNETT, R. (2006). *La cultura del nuevo capitalismo.* Anagrama.

SHAPIRO, M. (2005). Un derecho administrativo sin límites: reflexiones sobre el gobierno y la gobernanza. En A. Cerrillo i Martínez (Coord.), *La gobernanza hoy: 1º textos de referencia* (pp. 203-212). Instituto Nacional de Administración Pública (INAP).

SPILLANE, J. P. (2006). *Distributed leadership.* Jossey-Bass.

SRNICEK, N. (2018). *Capitalismo de plataformas.* Caja Negra.

STANDING, G. (2014). *Precariado. Una carta de derechos.* Capitán Swing.

SUBIRATS, J. (2009). Gobernanza y educación. En AICE (Asociación Internacional de Ciudades Educadoras), *Educación y vida urbana, 20 años de ciudades educadoras* (pp. 227-240). Santillana.

SUNDARARAJAN, A. (2016). *The Sharing Economy: The End of Employment and the Rise of Crowd-Based Capitalism.* MIT Press Ltd.

SUNDARARAJAN, A. (2017). Capitalismo colaborativo. *Integración & Comercio,* (42), 58-68.

TIMPERLEY, H. (2005). Distributed Leadership: developing theory from practice. *Journal of Curriculum Studies, 37*(4), 395-420. https://doi.org/10.1080/00220270500038545

TOFFLER, A. (1990). *El "shock" del futuro.* Plaza y Janés

TOURAINE, A. (1993). *Crítica de la modernidad.* Temas de hoy.

TRILLO PÁRRAGA, F. (2018). El trabajo en plataformas virtuales: a propósito del caso Uber. En A. Todolí Signes y M. Hernández-Bejarano (Dirs.), *Trabajo en plataformas digitales: innovación, derecho y mercado* (pp. 223-2444). Aranzadi.

TURIENZO, D. y MANZANO, N. (2021). Ante la (r)evolución educativa digital. *Telos,* (117), 65-71.

UNESCO. (1984*). Glossary of educational technology terms / Glosario de términos de tecnología de la educación.* Oficina Internacional de Educación de la UNESCO.

VAIDHYANATHAN, S. (2011). *The Googlization of Everything: And Why We Should Worry.* University of California Press.

VALLE APARICIO, J. E. (2014). *Construyendo la escuela de hoy : liderazgo y prácticas innovadoras en organización y dirección de centros.* Universitat de València.

VALLE APARICIO, J. E. (2012). *Los directores de CEIPs ante el espejo el liderazgo educativo en un tiempo de cambio*. Anthropos.

VALLE, J. M. (2006). *La Unión Europea y la política educativa: tomo II medio siglo de acciones en materia de educación*. Ministerio de Educación y Ciencia.

VAN DIJCK, J. y POELL, T. (2013). Understanding Social Media Logic. *Media and Communication, 1*(1), 2-14.

VAN DIJCK, J., POELL, T. y DE WAAL, M. (2018). *The Platform Society: Public Values in an Online World*. Oxford University Press. https://doi.org/10.1093/oso/9780190889760.001.0001

VERCELLONE, C. (2007). From Formal Subsumption to General Intellect: Elements for a Marxist Reading of the Thesis of Cognitive Capitalism. *Historical Materialism, 15*(1), 13-36. https://doi.org/10.1163/156920607X171681

VERCELLONE, C. (Coord.). (2006). *Capitalismo cognitivo. Conoscenza e finanza nell'epoca postfordista*. Manifestolibri.

VIÑAO, A. (1999). La inspección educativa: análisis socio-histórico de una profesión. Bordón. *Revista de Pedagogía, 51*(3), 251-263.

VIÑAO, A. (2002). *Sistemas educativos, culturas escolares y reformas*. Morata.

WARSCHAUER, M. (2006). *Laptops and literacy: Learning in the wireless classroom*. Teachers College Press.

WEISS, L. (1997). Globalization and the myth of the powerless state. En K. Nash y A. Scott (Eds.), *New Critical Writings in Political Sociology. Volume One: Power, State and Inequality* (pp. 3-27). Routledge. https://doi.org/10.4324/9781315264523

WELSCH, D. (2014). *Propaganda, power and persuasion. From the First World War to Wikileaks*. Tauris.

WENGER, E., WHITE, N. y SMITH, J. D. (2009). *Digital Habitats: stewarding technology for communities*. CPsquare.

WHITTY, G., GEWIRTZ, S. y EDWARDS, T. (2000). New Schools for New Times? Notes towards a Sociology of Recent Education Reform. En T. S. Popkewitz (Ed.), *Educational Knowledge. Changing Relationships between the State, Civil Society, and the Educational Community* (pp. 111-129). State University of New York Press.

WILLIAMSON, B. (2017a). Learning in the 'platform society': Disassembling an educational data assemblage. *Research in Education, 98*(1), 59-82. https://doi.org/10.1177/0034523717723389

WILLIAMSON, B. (2017b). Educating Silicon Valley: Corporate education reform and the reproduction of the techno-economic revolution. *Review of Education, Pedagogy, and Cultural Studies, 39*(3), 265-288. https://doi.org/10.1080/10714413.2017.1326274

WILLIAMSON, B. (2019). *El futuro del currículum. La educación y el conocimiento en la era digital*. Morata.

ŽIŽEK, S. (2003). *Sublime objeto de la ideología*. Siglo XXI Editores.

ŽIŽEK, S. (2014). *Problemas en el paraíso. Del fin de la historia al fin del capitalismo*. Editorial Anagrama.

ZUBOFF, S. (2019). *The age of surveillance capitalism: The fight for a human future at the new frontier of power*. PublicAffairs.

ZUKERFELD, M. (2020). Bits, plataformas y autómatas. Las tendencias del trabajo en el capitalismo informacional. *Revista Latinoamericana de Antropología del Trabajo, 4*(7), 1-50.

REFERENCIAS LEGISLATIVAS

Comunitat Valenciana, Conselleria de Educación, Cultura y Deporte. (2014a). Orden 63/2014, de 28 de julio, de la Consellería de Educación, Cultura y Deporte, por la que se convoca un programa experimental para el fomento del uso de libros de texto en tabletas digitales en centros educativos sostenidos con fondos públicos de la Comunitat Valenciana y se da continuidad a los ya establecidos. *Diari Oficial de la Comunitat Valenciana*, 1-8-2014, 7330, 19291-19296. https://go.uv.es/AzhhPC1

Naciones Unidas, Asamblea General. (2000). Declaración del Milenio. *A/RES/55/2*, 13-09-2000. https://go.uv.es/8Ppliif

Unión Europea, Comisión Europea. (2002). Comunicación de la Comisión al Consejo, al Parlamento europeo, al comité económico y social y al comité de las regiones. *eEurope 2005: Una sociedad de la información para todos*. 28-05-2002. https://go.uv.es/Oj0cBbp

WEBGRAFÍA

eDiscover Today & LTMG. (2024). *2023 Internet Minute Infographic*. https://ediscoverytoday.com/2023/04/20/2023-internet-minute-infographic-by-ediscovery-today-and-ltmg-ediscovery-trends/

Global EdTech. (2022). *EdTech Unicorns 2022*. Recuperado de 6 de julio de 2022. https://go.uv.es/py84xxG

HOWE, J. (1 de junio de 2006). The rise of crowdsourcing. *Wired*. https://go.uv.es/D5sdFnX

MAHLKOW, M. (19 de noviembre de 2016). A holistic approach for understanding network effects and why it matters. *LinkedIn*. https://go.uv.es/oL8BBdX

Referencias de prensa
y literatura gris

Butt, R. (3 de mayo de 1981). Mrs Thatcher: the first two years. *Sunday Times*. https://go.uv.es/U05orUJ

El profesor español David Calle, entre los diez finalistas del Global Teacher Prize 2017. (22 de febrero de 2017). *La Vanguardia*. https://go.uv.es/E8Ueyf5

Guimón, P. (30 de junio de 2019). Rebelión contra Zuckerberg en colegios de ee uu *El País*. https://go.uv.es/vgfx4zG

Referencias de películas, canciones y podcasts

Gates, B. (Anfitrión). (11 de enero de 2024). Episode 6: Sam Altman (N° 6) [Episodio de Podcast]. En *Unconfuse me with Bill Gates*. Spotify. https://open.spotify.com/episode/7IHruH31IYa2Tatu5zQr5R

Scott, R. (Director). (1982). *Blade Runner* [película]. The Ladd Company, Shaw Brothers & Blade Runner Partnership.

Tyldum, M. (Director). (2014). *Descifrando enigma* [película]. Black Bear Pictures y Bristol Automotive.

Wachowski, L. y Wachowski, L. (Directoras). (1999). *Matrix* [película]. Village Roadshow Pictures y Silver Pictures.

Zoo. (2014). Imperfeccions [Canción]. En *Tempestes vénen del Sud*. Propaganda Pel Fet!.

Referencias de Inteligencia Artificial generativa

Microsoft. (2024). *Copilot.* https://copilot.microsoft.com/